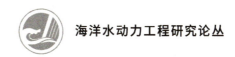 海洋水动力工程研究论丛

Identification Experiments and
Case Studies on Weak Part of Wave Defense
Structure for Port Engineering

港工防浪结构薄弱部位识别试验及案例研究

姜云鹏 刘 针 陈汉宝 宋泽坤 沈文君 著

人民交通出版社股份有限公司
China Communications Press Co.,Ltd.

内 容 提 要

本书结合港口海岸工程防浪结构物模试验的若干案例，对比了不同版本规范的差异，分析了规范公式的适用条件，从胸墙受力、施工期防护、平面布置、结构稳定性等方面进行梳理，分析失稳原因，总结出防浪结构设计中的薄弱部位，提出优化建议，为工程规划设计和施工提供参考。

本书适合从事港口工程研究的科研人员和港口、海岸及近岸工程专业高校学生学习参考。

图书在版编目(CIP)数据

港工防浪结构薄弱部位识别试验及案例研究/姜云鹏等著. —北京：人民交通出版社股份有限公司，2019.4

ISBN 978-7-114-15249-8

Ⅰ.①港… Ⅱ.①姜… Ⅲ.①港口—防浪工程—结构试验 Ⅳ.①U656.31

中国版本图书馆 CIP 数据核字(2018)第 291191 号

海洋水动力工程研究论丛

书　　名：	港工防浪结构薄弱部位识别试验及案例研究
著 作 者：	姜云鹏　刘　针　陈汉宝　宋泽坤　沈文君
责任编辑：	崔　建
责任校对：	赵媛媛
责任印制：	张　凯
出版发行：	人民交通出版社股份有限公司
地　　址：	(100011)北京市朝阳区安定门外外馆斜街 3 号
网　　址：	http://www.ccpress.com.cn
销售电话：	(010)59757973
总 经 销：	人民交通出版社股份有限公司发行部
经　　销：	各地新华书店
印　　刷：	北京虎彩文化传播有限公司
开　　本：	720×960　1/16
印　　张：	5.5
字　　数：	92 千
版　　次：	2019 年 4 月　第 1 版
印　　次：	2019 年 4 月　第 1 次印刷
书　　号：	ISBN 978-7-114-15249-8
定　　价：	36.00 元

(有印刷、装订质量问题的图书由本公司负责调换)

编委会

著　　者：姜云鹏　刘　针　陈汉宝　宋泽坤　沈文君

参与人员：赵　旭　栾英妮　管　宁　耿宝磊　赵　鹏

　　　　　刘海源　孟祥玮　彭　程　李　焱　张慈珩

　　　　　张亚敬　马　隽　张　维　于　滨

前　言

随着我国加入世贸组织和临港工业的兴起，我国沿海港口吞吐量增长迅猛，在一定时期内，码头条件和吞吐能力曾经不能适应经济发展的需要。原有老港区岸线资源不足，发展空间有限，沿海各大港区逐步开辟了一大批新港区，港口建设高速发展，高等级码头及航道建设提速明显。相比之下，老港区多在掩护条件良好的海湾内，新港区大多处于水深浪大的开敞海域，面向外海，缺乏天然掩护，需要建设相当长度的防波堤、护岸等防浪结构。由于水深浪大，安全等级和设计标准的要求高，新港区的防浪结构投资也较大，超过20亿元的防波堤工程不胜枚举。

我国港工设计相关规范均明确指出，在确定防波堤掩护效果和高程时，应通过物理模型试验验证。工程建设实践中，重要工程在设计过程中，均进行了物理模型试验研究，围绕防波堤越浪、港内波高分布、码头上水和船舶系靠泊等对设计方案进行了验证与优化，为提高工程安全水平和节省投资发挥了重要作用。

工程实践中，平面布置、水深、波浪、结构形式等存在千差万别，防浪结构在每个位置的安全程度是不同的。规范是共性规律的总结，难以覆盖到每个工程的具体情况。实际工程破坏案例和多个试验案例表明，在设计过程中，仅依靠规范公式计算是十分危险的。物理模型试验可对安全风险进行识别，发现薄弱部位并在设计阶段予以优化，避免造成更大的损失。但如何选择合适的物理模型，确定合理的研究对象，目前尚没有定论。

随着"一带一路"的广泛实施，港口建设逐渐向深远海和陌生海区发展，其海洋环境特点与我国近海有所不同，而我国现有规范大多是总结我国近海工程经验和科研成果而来。现有规范虽有修订，但有些条文仍沿用了20世纪80年代的研究成果，不能适应全球其他海区的使用要求，迫切需要进行梳理，对规范的适用范围进行外延，使中国的标准真正"走出去和被认可",并实现国际化。

  本书对交通运输部天津水运工程科学研究院海洋水动力研究中心完成的若干个波浪物理模型试验成果进行总结,发现了一些结构失稳案例,归纳出防浪结构设计的薄弱部位,供相关工程技术人员参考。由于作者水平所限,书中错漏难免,还请各位读者批评指正。

  本书由交通运输部天津水运工程科学研究院、长沙理工大学和国家海洋局第二海洋研究所的工程技术人员共同撰写完成,其中,第1、3、4、8章由姜云鹏执笔,第6章由刘针执笔,第2章由陈汉宝执笔,第7章由宋泽坤执笔,第5章由沈文君执笔。

  在试验研究和书稿的编写过程中,得到了中交集团各大航务工程设计院、中国港湾工程有限公司和项目建设单位的大力支持,在此深表感谢。

作　者
2018年8月

目 录

第1章 绪论 ·· 1
1.1 引言 ··· 1
1.2 研究现状 ··· 2
1.3 本书主要内容 ··· 2

第2章 设计规范相关条文规定 ··· 4
2.1 规范条文规定 ··· 4
2.2 规范的应对措施 ·· 5
2.3 2011版规范和1998版规范的差异 ··· 5

第3章 物理模型试验基本理论 ··· 7
3.1 相似原理 ··· 7
3.2 物理模型试验类别 ··· 8
3.3 物理模型试验的基本步骤 ·· 9

第4章 防浪结构薄弱部位案例一:长周期波浪作用下胸墙失稳 ················ 13
4.1 工程概况 ·· 13
4.2 试验依据条件 ·· 13
4.3 模型比尺与制作 ··· 18
4.4 断面C胸墙失稳及优化 ·· 21
4.5 断面C孤立胸墙失稳验证与分析 ·· 24
4.6 小结 ·· 30

第5章 防浪结构薄弱部位案例二:季风期强浪施工断面防护措施研究 ········ 31
5.1 工程概况 ·· 31
5.2 试验内容与条件 ··· 32
5.3 施工期防护方案 ··· 33
5.4 防护方案试验结果 ·· 38
5.5 小结 ·· 45

第6章 防浪结构薄弱部位案例三:港池开挖引发波能集中 ······················ 46
6.1 工程概况 ·· 47
6.2 研究条件 ·· 47

6.3	研究方法 ··	52
6.4	越浪量试验结果 ··	53
6.5	波浪力试验结果 ··	55
6.6	护岸上水试验结果 ···	58
6.7	港池开挖引发波能集中试验总结 ··	63
6.8	小结 ··	65

第 7 章　防浪结构薄弱部位案例四：击岸破碎波造成护岸破坏 ······················ 67
7.1	工程概况 ··	67
7.2	试验条件与研究方法 ···	68
7.3	浅水段护岸失稳与原因分析 ··	69
7.4	直立段斜坡过渡段堤头失稳与优化措施 ··	73
7.5	小结 ··	75

第 8 章　结论与展望 ·· 76
8.1	结论 ··	76
8.2	展望 ··	77

参考文献 ·· 78

第1章 绪 论

1.1 引 言

港工防浪结构主要分为防波堤和护岸两大类。防波堤的功能主要是防御波浪对港域的侵袭,形成有掩护的作业空间,为船舶提供平稳、安全的停泊和作业水域,同时也改善了港内码头、护岸等建筑物的波浪条件。护岸的功能主要是抵御波浪对陆域的侵袭,通过人工块体、块石等对波浪能量的耗散,减小波浪爬高,减少或避免越浪对后方堆场、道路的影响。

防浪结构对港口水域、陆域的保护作用,使其成为港口工程的一个重要组成部分。若发生破坏,会造成港内船舶发生碰撞或堆场、罐区淹没,不但影响港口的正常使用,而且可能造成重大安全和生态事故。因此,对于防浪结构,必须在充分掌握有关资料的基础上,进行合理与完善的设计和施工,确保其必要的安全度。

港口海岸工程防浪的结构形式可分为直立式、斜坡式、混合式、透空式、浮式,其中应用最为广泛的是直立式和斜坡式两大类。直立式结构适合水深较大、地基条件较好的情况,具有兼顾码头、石料用量少等优点,缺点是对波浪的反射大。斜坡式结构适合水深较小、地基条件一般的情况,具有波浪反射小、不均匀沉降好等优点,缺点是石料用量大、水深较大时造价较高。

防波堤和护岸等在波浪作用下的稳定性,是进行结构设计必须考虑的重点问题,一方面要保证结构在设计波浪条件作用下的安全可靠,同时在保证安全的基础上,应尽量减少工程造价,做到方案可行,经济合理。对于防浪结构的安全,《水运工程设计通则》(JTS 141—2011)、《防波堤设计与施工规范》(JTS 154-1—2011)和《港口与航道水文规范》(JTS 145—2015)(以下简称《水文规范》)等设计规范均指出,应通过物理模型试验验证。但具体工程因平面布置、水深和波浪条件、结构形式的不同,难以明确给出物理模型的要求和类别。具体采用何种物理模型、针对哪些研究对象等,需要设计过程中根据实际情况进行选择。

同时需要指出的是,规范是工程共性规律的总结,难以覆盖所有工程的实际特点。规范公式是典型结构在大量试验数据的基础上总结而来,一般有其适用条件。

在遵循规范采用公式进行计算时，应首先确定工程基本参数与公式适用条件是否一致。当不符合条件时，使用规范公式进行设计是不合适的，可能产生安全风险。

1.2 研究现状

长期以来，国内外有关研究单位针对波浪作用下护岸（防波堤）的稳定问题进行了大量的现场勘察、理论分析、数值模拟和物理模型试验，对护岸稳定、越浪量和波浪力等关键问题进行研究，为规划设计提供科学依据，为工程建设提供了技术支持。我国行业标准《波浪模型试验规程》(JTJ/T 234—2001)（以下简称《试验规程》）对波浪模型试验进行了分类，并指出：波浪模型试验所研究的问题能简化为二维时，可采用断面模型；若不能，应采用整体模型。由此，常见的港口海岸工程物理模型主要包括断面模型和整体模型，其中，断面模型是选取建筑物的典型段在波浪水槽中进行"切片式"研究，比尺一般不大于40。整体模型是选取建筑物的全部在波浪港池中进行整体研究，比尺一般不大于150。断面模型的优点是试验周期短，人工块体用量少，试验费用低，比尺相对较大；缺点是仅模拟正向浪作用，不能反映斜向浪对结构的作用。整体模型的优点是能够反映港内不同位置处的波浪特点，评价平面布置的优劣；缺点是工作量大，试验周期长，试验费用相对较高。

近年来，随着港口海岸工程建设的快速发展，工程规模越来越大，向水深浪大海域发展的趋势日益明显。一些防波堤、护岸受大浪作用发生破坏的案例时有发生，特别是后方陆域布置有石化罐区等高危险品的项目，引起了工程界的高度重视和全社会的广泛关注。

为保证安全可靠，越来越多的新建、改建工程，在传统的断面模型和整体模型的基础上，还进行了三维稳定模型试验，验证设计方案的安全性和合理性，发现设计风险，消除安全隐患。

三维稳定模型与断面模型和整体模型既有区别，又有联系，一般是选择防波堤堤头、拐弯处等薄弱部位和结构非典型段，在港池中对防浪结构断面细节予以反映，重点验证其在不同方向波浪下的稳定性。

1.3 本书主要内容

在港口海岸工程设计过程中，由于自然条件、平面布置和结构形式等各不相同，针对设计面临的问题，采用何种物理模型很大程度上依赖于设计人员的经验和对物模试验的理解。特别是在设计初期，如何发现平面布置和结构安全可能存在的问题,在物模试验中予以验证和优化,值得设计高度关注。本书通过梳理若干个港工防浪结构物模试验成果,总结出防浪结构设计中的薄弱部位,为工程规划设计和施工提供参考。主要内容包括如下几部分:

(1)对港口海岸工程物理模型试验基本理论和方法进行介绍,并对相关设计规范中的经验公式进行解读,明确其适用条件。

(2)通过防浪结构物理模型试验的四个案例,从胸墙受力、施工期防护、平面布置、结构稳定性等方面对薄弱部位进行梳理,并对薄弱部位进行优化,分析失稳原因和规范公式的适用条件。

(3)总结防浪结构薄弱环节的共性规律,并提出应对建议。

第 2 章　设计规范相关条文规定

2.1　规范条文规定

《防波堤设计与施工规范》(JTS 154-1—2011)规定,防波堤结构应进行模型试验验证。针对单个块体的稳定重量,《防波堤设计与施工规范》中条文4.2.4指出:当波向线与斜坡堤纵轴线法线的夹角小于22.5°,且堤前波浪不破碎,斜坡堤堤身在计算水位上、下1.0倍设计波高之间的护面块体,单个块体的稳定重量可按式(2.1-1)和式(2.1-2)计算。对于设计波浪平均周期大于10s或设计波高与设计波长之比小于1/30的坦波,块体重量应进行模型试验验证。

$$W = 0.1 \frac{\gamma_b H^3}{K_D (S_b - 1)^3 \cot\alpha} \qquad (2.1\text{-}1)$$

$$S_b = \frac{\gamma_b}{\gamma} \qquad (2.1\text{-}2)$$

式中:W——单个块体的稳定重量(kN);

γ_b——块体材料的重度(kN/m³);

H——设计波高(m);

K_D——块体稳定系数,可按表2.1-1确定;

α——斜坡与水平面的夹角(°);

γ——水的重度(kN/m³)。

稳 定 系 数 K_D 　　表2.1-1

护面形式		n(%)	K_D
护面块体	构造形式		
块石	抛填2层	1~2	4.0
	安放1层	0~1	5.5
方块	抛填2层	1~2	5.0
四脚锥体	安放2层	0~1	8.5

第2章 设计规范相关条文规定

续上表

护面形式		$n(\%)$	K_D
护面块体	构造形式		
四脚空心方块	安放1层	0	14
扭工字块	安放2层	0	18
扭王字块	安放1层	0	18

注：n 为护面块体容许失稳率。

式(2.1-1)和式(2.1-2)为有名的 Hudson 公式，被世界多个国家的设计规范所采用。Hudson 公式的使用有2个限定条件：一是对波浪角度的要求，即波向线与斜坡堤纵轴线法线的夹角小于22.5°；二是对波浪形态的要求，即堤前波浪不破碎。实际工程中，很多情况符合公式使用的前提条件，通过物模试验验证的块体稳定结果与规范公式计算结果是一致的。

但也有很多工程，波浪在堤前发生破碎，或属于斜向作用，不符合规范关于波浪形态和角度的要求，值得高度关注。对于设计波浪平均周期大于10s或设计波高与设计波长之比小于1/30的坦波，块体重量应进行模型试验验证。近年来，多个海岸防浪结构破坏案例表明，在波高未超过设计标准的情况下，较长的波浪周期是造成结构破坏的重要原因。

2.2 规范的应对措施

《防波堤设计与施工规范》同时规定，斜坡堤堤头部分的块体重量，应增加20%~30%。位于波浪破碎区的堤身和堤头的块体重量，均应相应再增加10%~25%，必要时可通过模型试验确定。

堤头部分和处于波浪破碎范围的块体重量适当增大，是参考有关文献的规定，这与国外有关资料结论基本一致。由此计算，若同时考虑堤头和波浪破碎的影响，块体重量最大可增加50%，即为公式计算结果的1.5倍。

2.3 2011版规范和1998版规范的差异

《防波堤设计与施工规范》(以下简称2011版规范)是《防波堤设计与施工规范》(JTJ 298—1998)(以下简称1998版规范)的修订与延续。将两个版本规范的相关条文进行对比，可以发现以下几个特点：

(1) 2011 版规范对波浪角度的定义更加明确。

1998 版规范仅提到了"在波浪正向作用下",至于何为正向作用则没有给出明确含义;而 2011 版规范明确指出了波浪入射角度小于 22.5°的适用条件。

(2) 2011 版规范对护面块体容许失稳率的要求更加严格。

1998 版规范对扭工字块分为 0 和 1% 两种容许失稳率,2011 版规范取消了 1% 的失稳要求,即要求 0 失稳率。1998 版规范对扭王字块的稳定系数 K_D 取值为 18~24,2011 版规范则调整为 18,对块体重量的计算结果更大。

(3) 新规范对长周期波浪下的护面块体稳定重量更加重视。

1998 版规范对设计周期较长或设计波高与设计波长之比不大于 1/30 的坦波,在附录中给出了计算公式。该公式计算得到的稳定重量小于 Hudson 公式,偏于危险。而多个工程案例表明,长周期波浪作用下的护面块体容易发生失稳,因此,2011 版规范取消了该计算公式,改为进行模型试验验证。

针对上述复杂区段,通过模型试验验证结构稳定是非常必要的。由于堤头为圆弧形状,波浪来自多个方向,易对块体形成切线作用,对结构稳定较为不利,因此,仅进行二维断面试验是不够的,一般还需进行三维稳定试验,验证斜向浪对复杂区段的作用。

第3章 物理模型试验基本理论

理论分析、数值模拟和物理模型试验是研究波浪问题的三种主要方法,在实际运用过程中,各种方法均存在一定的局限性。理论分析在研究波浪与结构相互作用时,很难解决复杂的工程问题。数值模拟需要确定模型的计算参数,对物理现象进行不同程度的概化,有时存在求解计算量大的问题。物理模型的模拟范围有限,但可以根据工程实际模拟建筑物不同的边界条件,准确反映波浪与结构的作用规律,预演结构的受力和稳定状态,较其他方法更直观、全面地反映工程实际情况。本书在进行防浪结构薄弱部位识别时,主要采用物理模型试验的研究方法,现对试验方法做简要介绍。

3.1 相似原理

相似原理是模型试验的理论基础,两个物理现象的相应点上所有表征运动状况的物理量都维持各自的固定比例关系,这两个物理现象就是相似的。表征波动现象的量主要有三种:表征几何形状的、表征运动状况的及表征动力的物理量。因此,表征两个波动现象的相似,可以用几何相似、运动相似和动力相似来描述。

(1) 对于模型试验来说,几何相似是指原型和模型的几何形状相似,要求两个系统所有相应尺度都维持一定的比例关系。

$$\lambda_l = \frac{l_p}{l_m} \tag{3.1-1}$$

式中:λ_l——长度比尺;
l_p——原型尺度;
l_m——模型长度。

(2) 运动相似是指质点的运动情况相似,要求原型和模型质点的速度和加速度相似。u、a 分别代表质点速度和加速度,λ_t 为时间比尺,则运动相似要求

$$\left. \begin{array}{l} \lambda_u = \dfrac{u_p}{u_m} = \dfrac{\lambda_l}{\lambda_t} \\[6pt] \lambda_a = \dfrac{a_p}{a_m} = \dfrac{\lambda_l^2}{\lambda_t} \end{array} \right\} \tag{3.1-2}$$

在原型和模型的各点维持不变。

(3)动力相似是指作用于两系统相应点的各种作用力均维持一定的比例关系。动力相似要求

$$\lambda_F = \frac{F_p}{F_m} \tag{3.1-3}$$

维持固定的比例。

上述三种相似是原型和模型保持完全相似的重要特征与属性,这三种相似是相互联系和互为条件的。几何相似是运动相似和动力相似的前提和依据,动力相似是决定两个物理现象相似的主要因素,运动相似则可以认为是几何相似和动力相似的表现。

波浪模型设计应满足重力相似,其比尺按下列公式确定:

$$\left. \begin{aligned} \lambda_l &= \frac{l_p}{l_m} \\ \lambda_t &= \lambda^{1/2} \\ \lambda_u &= \lambda^{1/2} \\ \lambda_p &= \lambda \\ \lambda_F &= \lambda^3 \\ \lambda_Q &= \lambda^{5/2} \\ \lambda_q &= \lambda^{3/2} \end{aligned} \right\} \tag{3.1-4}$$

式中:λ_u——速度比尺;

λ_p——压强比尺;

λ_F——力比尺;

λ_Q——流量比尺;

λ_q——单宽流量比尺。

3.2 物理模型试验类别

根据研究内容和范围的不同,物理模型试验可分为断面模型、三维稳定模型和整体模型三种类型。前者用于研究二维波浪问题,后两者用于研究三维波浪问题。

断面模型是选取建筑物的典型区段面在波浪水槽中进行"切片式"研究,主要研究波浪对斜坡式、直墙式建筑物的正向作用,研究内容包括断面各部位的稳定性、波浪力和堤顶越浪量等。试验比尺根据水槽和结构尺度、造波能力等确定,一

般不大于40。

三维稳定模型是选取工程的一定区域进行研究,选取的区域一般是所受波浪力或波浪作用状态有别于常规的重点部位,如防波堤堤头、堤根、拐弯段及一些容易形成波能集中的区域,研究内容包括验证局部结构在斜向浪的稳定性、上水情况或波浪力。模型比尺一般介于断面模型和整体模型之间,由于三维稳定模型考虑了水下地形、斜向浪、周边建筑的影响,可以反映出一些断面模型不能反映的现象,往往得到的结果也与断面模型有较大的不同,值得格外关注。在开展此类试验前,应仔细分析工程区波浪作用的特殊岸段,并加以验证。

整体模型是选取建筑物的全部在波浪港池中进行整体研究,研究内容包括波浪的传播与变形、防波堤的掩护效果、船行波等。由于模拟范围相对较大,整体模型的试验水深一般较小,比尺范围也较小,一般在70~150之间。

上述三种试验的特点,可见表3.2-1。

三种模型试验的特点对比　　　　　　　表3.2-1

参数	断面模型	三维稳定模型	整体模型
比尺范围	一般≤40	40~70	70~150
试验周期	短	长	长
制作工作量	小	中等或大	大
研究费用	最低	中等或高	中等或高
波浪特点	正向	斜向	多向
稳定性	有	有	一般无

3.3　物理模型试验的基本步骤

物理模型试验的基本步骤包括:①掌握试验资料,明确试验目的和要求;②确定合适的试验比尺;③模型制作;④仪器设备安装调试;⑤波浪率定;⑥建筑物安放;⑦正式试验;⑧数据处理和报告编制。其中,主要过程应注意以下几个方面。

3.3.1　掌握试验资料,明确试验目的和要求

进行波浪物理模型试验所需的主要资料包括:

(1)进行三维稳定试验或整体试验时,应提供工程区水下地形图,比尺一般不小于1:5000。

(2) 水工建筑物平面图、断面图、局部结构大样图,必要时需立面图。

(3) 试验条件:包括试验水位、波浪要素(波高、周期、方向和谱型等)以及不同的试验组次(如工程实施顺序、工况组合等)。

试验前,试验单位应与委托方或技术要求提出方就工程基本情况、试验目的、内容和要求进行充分讨论,明确试验组次和条件,尽量避免不必要的时间和人力物力的浪费。

3.3.2 确定模型比尺和模型布置

模型比尺是物理模型试验非常重要的基本参数,通常需要根据场地大小、造波机的性能、波浪的有效作用区域以及工程水文条件来确定。《波浪模型试验规程》规定,模型的原始入射波,规则波波高不应小于2cm,波周期不应小于0.5s;不规则有效波高不应小于2cm,谱峰周期不应小于0.8s。

模型布置应满足以下条件:

(1) 整体模型造波机与建筑物的间距应大于6倍平均波长,防波堤堤头与水池边界应大于3倍平均波长,单突堤堤头与水池边界的距离应大于5倍平均波长。总体而言,研究关心的区域,应尽量位于水池的中心。

(2) 在试验水池面积有限的情况下,模型比尺应尽量放大,可通过旋转模型方向或造波机位置的方法,充分利用试验水池空间。一般地,在模拟多个波浪方向时,居中方向的波浪沿水池长边传播,可最大限度地利用水池面积。

(3) 为保证入射波高满足试验条件,可适当抬高模型高度,将模拟地形高于水池地面15~20cm,地形末端与水池地面以缓坡过渡,避免波高较大时在造波机前破碎,从而影响试验结果。

3.3.3 模型制作

根据试验类别和研究内容,模型制作过程主要包括材料选择、地形制作和建筑物制作等。波浪物理模型中,模型的制作主要遵循重力相似准则,一般只要求几何尺寸和重量的相似,而不考虑材料的相似。

(1) 材料选择模型材料主要采用水泥砂浆、混凝土、木材、有机玻璃和塑料板等。

(2) 地形制作:

地形制作主要采用网格控制法,沿水池长边和短边方向划分等间距网格,通过控制网格点高程,"点—线—面"逐步形成的方法来复演水下地形。网格间距一般取1~1.2m,当地形起伏较大或岛屿附近,应局部加密。试验前,应在水池中不影响制作模型的位置,设置高程基准点,后期所有地形和建筑物的高程均由控制点进行反算。

网格点高程由水准仪进行控制,误差在 ±1mm;之后由三合板沿某一方向连成线,再由水泥抹面压光。为保证底摩阻的相似,应尽量保证水泥面的光滑,以减小波浪的衰减。

(3)建筑物制作:

从铺设基床开始,到建筑物主体结构,应严格按照设计图纸进行。为保证制作精度,在有条件时,可采用自动雕刻机进行零部件加工,再由人工进行组装。实践表明,在加工一些十分复杂的建筑物时,自动雕刻机的加工精度比人工有明显提高。例如,开孔沉箱、弧形挡浪墙、复杂外形胸墙和不规则结构等,此类结构在韩国海岸工程中体现较多。

当关注稳定试验结果时,建筑物制作过程中,应特别关注模型重量,通过水泥中掺杂铁粉、沉箱填料、内部加配重块等方法,保证重量的相似。

人工块体的制作,是波浪物模试验中十分重要的环节。人工块体形状多样,重量不一、细部结构多,尺寸小,对重量要求高,数量较多,因此制作难度很大。一般先将块体进行剖分,由雕刻机进行模具外壳的加工,再人工进行拼装形成模具,并进行少量试制,对样品进行尺寸和重量的检验合格后,再进行大批量的制作。

各种块体、块石按照重力比尺进行挑选,质量偏差控制在 ±5% 以内。模型中的块体采用原子灰加铁粉配制,重量偏差与几何尺寸误差均满足试验规程的要求。胸墙采用预制方法,在预制过程中,当混凝土未完全达到设计强度前,在胸墙底部不均匀撒上碎石加糙。当整个胸墙强度达到设计强度后,再拖曳胸墙进行摩擦系数的测量,通过不断加糙处理,使之底部摩擦系数尽量接近 0.6 设计值。由于模型试验采用的是淡水,而实际工程中为海水,受淡水与海水的密度差影响,模型中考虑 $\rho_{海水}/\rho_{淡水} = 1.025$,即在块体、块石的选取以及制作中应考虑这种影响。

3.3.4 仪器设备安装调试

仪器设备安装调试,主要包括造波机的调试、波高和波压力传感器的率定安装,在必要时,还需安装测流仪等。

本书中,断面试验在交通运输部天津水运工程科学研究院波浪水槽中进行。水槽长68m,宽1m,深1m。配备推板式不规则造波机。该造波机由造波板及伺服驱动器、伺服电机、编码器、服务器、计算机及其外设组成。按所需波浪对应一定参数,由计算机完成造波控制信号的计算,经接口电路将造波控制信号传输到伺服驱动器中,由伺服驱动器控制伺服电机的转动,电动缸将伺服电机输出轴的转动转换为电动缸推杆的直线运动,并经过杠杆机构将运动传递到推波板,带动推波板产生期望的水波。

模型波高采用TK2008型动态波高测试系统进行测量,该系统采用电容式传感器测波,自动采集并统计波高与周期结果。采用摄像机记录波面过程和上水、越浪等试验现象。波高和压力采集系统见图3.3-1、图3.3-2。

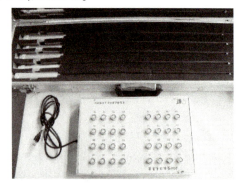

图3.3-1 TK2008波高采集系统

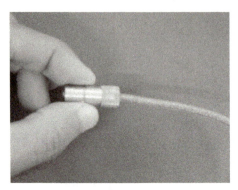
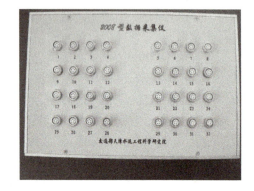

图3.3-2 波压力采集系统

3.3.5 波浪率定

波浪率定是在建筑物安放之前进行,一般采用单向不规则波,有条件时可采用多向不规则波。波谱宜采用实测波谱,在无实测波谱时可采用《港口与航道水文规范》中规定的波谱。按照《波浪模型试验规程》,有效波高、有效波周期或谱峰周期的允许偏差为±5%。

在进行防浪结构薄弱部位识别试验中,断面模型、三维稳定模型和整体模型均可发挥其不可替代的作用。本书通过几个案例,对其分别进行详细说明。

第4章 防浪结构薄弱部位案例一:长周期波浪作用下胸墙失稳

4.1 工程概况

本工程位于巴基斯坦俾路支省胡布镇西南20km HUB河口处,地理坐标为N 24°54′9″,E66°41′31″,距离卡拉奇50km。该工程面对阿拉伯海,向西南开敞。本工程为该电厂项目二期,规划建设配套码头工程及相关防护建筑物,主要包括防波堤、码头、引桥和引堤等。

在前期数学模型的基础上,根据设计需要,对引堤堤身3个断面进行断面物理模型试验,验证不同断面各部位包括胸墙、护面块体、护脚、护底块石的稳定性,对胸墙波浪力进行研究。

4.2 试验依据条件

4.2.1 试验依据的资料、规程和规范

(1) BS 6349:British Standard Code of Practice for Maritime Structure, British Standards Institution。

(2) PIANC Port Designer's Handbook, printed in the United Kingdom by Lightning Source UK Ltd, 2007, ISBN:9780727732286.95.00。

(3) Users Guide to Physical Modeling and Experimentation。

(4)《港口与航道水文规范》(JTS-145—2015)。

(5)《波浪模型试验规程》(JTJ/T-234—2001)。

(6)《防波堤设计与施工规范》(JTS 154-1—2011)。

4.2.2 试验水位

(1)极端高水位(EHWL):+4.2m。

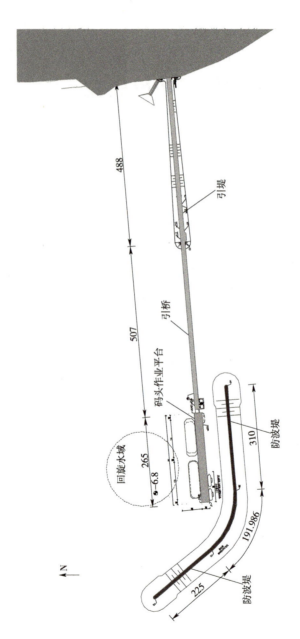

图 4.2-1　工程平面布置图（尺寸单位：m）

(2) 设计高水位(DHWL)：+3.0m。

(3) 设计低水位(DLWL)：+0.4m。

4.2.3 工程平面布置

工程平面布置由设计院提供，包括防波堤、码头、引桥、引堤和部分天然岸线，见图4.2-1。防波堤总长720m，引堤长488m，引堤断面位置见图4.2-2。

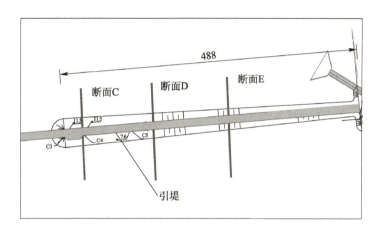

图4.2-2 引堤断面位置图(尺寸单位:m)

4.2.4 设计断面结构形式

断面结构形式由设计提供，断面主要特征参数见表4.2-1，断面图见图4.2-3，Core-Lock块体大样图见图4.2-4，各基本尺寸见表4.2-2、表4.2-3。

各设计断面主要参数　　　　　　　　　　　表4.2-1

断面名称	泥面高程(m)	顶高程(m)	护面块体体积(m^3)/重量(t)	护脚块石(kg)	护底块石(kg)
引堤 C-C	-4.5	+12.0	4.6/11	3100	200~300
引堤 D-D	-3.7	+11.0	2.9/7	3100	200~300
引堤 E-E	-2.1	+9.5	1.7/4	3100	200~300
引堤堤头	-4.5	+12.5	4.6/11	3100	200~300

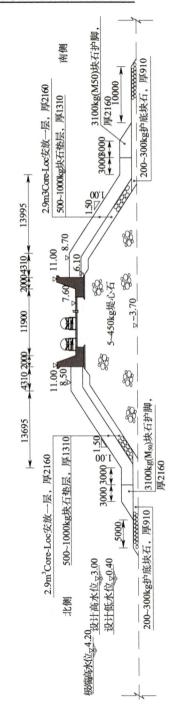

图 4.2-3 引堤断面图（泥面高程 −3.7m）（尺寸单位：m）

第4章 防浪结构薄弱部位案例一：长周期波浪作用下胸墙失稳

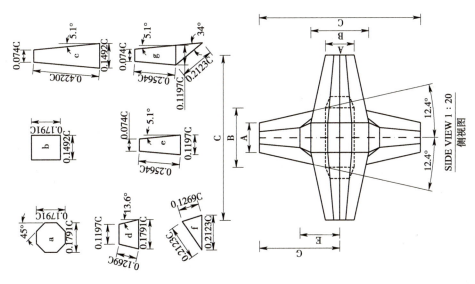

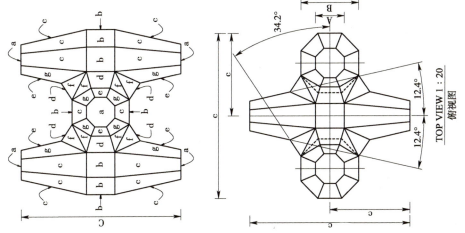

图 4.2-4 Core-Loc 块体大样图

Core – Loc 块体基本尺寸参数表(1)　　　　　表 4.2-2

标准 Core – Loc 块体基本尺寸								
块体体积 (m³)	各基本参数尺寸(m)							
	C	A	B	D	E	F	G	J
7.9	3.281	0.587	1.181	2.100	0.814	0.574	1.641	1.050
6.3	3.043	0.545	1.095	1.947	0.755	0.533	1.521	0.974
4.6	2.740	0.490	0.986	1.754	0.680	0.480	1.370	0.877
2.9	2.349	0.421	0.846	1.504	0.583	0.411	1.175	0.752
1.7	1.966	0.352	0.708	1.258	0.488	0.344	0.983	0.629

Core – Loc 块体基本尺寸参数表(2)　　　　　表 4.2-3

标准 Core – Loc 块体基本尺寸								总面积(m²)
块体体积 (m³)	各基本参数尺寸(m)							
	C	a	b	c	d	e	f	g	S_CL
7.9	3.281	0.269	0.287	0.505	0.198	0.266	0.139	0.373	29.080
6.3	3.043	0.231	0.247	0.434	0.170	0.229	0.119	0.320	25.008
4.6	2.740	0.188	0.200	0.352	0.138	0.185	0.097	0.260	20.278
2.9	2.349	0.138	0.147	0.259	0.102	0.136	0.071	0.191	14.909
1.7	1.966	0.097	0.103	0.181	0.071	0.096	0.050	0.134	10.443

4.3　模型比尺与制作

4.3.1　模型比尺和制作

模型按几何相似和重力相似准则设计,采用定床、正态模型,根据试验要求,结合试验场地及设备能力综合考虑,选取模型几何比尺为35,亦即波高比尺为35,周期比尺为5.92,力比尺为42875。各组试验均按不规则波,采用JONSWAP谱。不同种类的块石配曲线见图4.3-1。

第4章 防浪结构薄弱部位案例一：长周期波浪作用下胸墙失稳

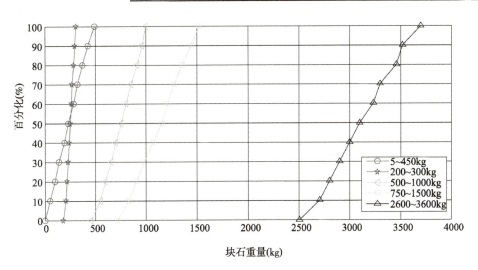

图 4.3-1　不同种类的块石级配曲线

按照 Guidelines for Laboratory Model units Placement（图 4.3-2）进行 Core-Loc 护面块体摆放，摆放过程见图 4.3-3。

试验首先在无建筑物情况下率定原始波要素，以达到试验波要素满足目标值的要求。通过调整造波参数，使模拟的波谱谱密度、峰频、谱能量、有效波高等满足试验规程要求。即：

（1）波能谱总能量的允许偏差为 ±10%。

（2）峰频模拟值的允许偏差为 ±5%。

（3）在谱密度大于或等于 0.5 倍谱密度峰值的范围内，谱密度分布的允许偏差为 ±15%。

（4）有效波高、有效波周期或谱峰周期的允许偏差为 ±5%。

（5）模拟的波列中 1% 累积频率波高、有效波与平均波高比值的允许偏差为 ±15%。

不规则波每组波要素的波列都保持波个数在 130 个以上。试验波高分布处理时，取 3 次有效记录的均值进行分析处理。

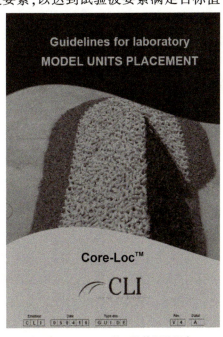

图 4.3-2　Core-Loc 护面块体摆放指南

19

图 4.3-3　Core-Loc 护面块体摆放过程

4.3.2　稳定性判定试验方法

进行各断面稳定性试验时,每个水位条件下模拟原体波浪作用时间,依据《BS 6349》规定,模拟的原型波浪作用的时间不少于 6h,本次模型试验取 6h,连续波浪作用以便观察断面在波浪累积作用下的变化情况。为避免连续长时间造波引起的波浪反射叠加,造波过程采取分段模拟的办法,每次造波个数为 120 个,待水面较为平稳后再继续进行。

(1)护底、护脚块石稳定性判断

在波浪累积作用下观察护面形状改变情况,依据其表面是否发生明显变形判断其稳定性。

(2)护面块体稳定性判断

通过观察其位移情况进行判断,试验中当位移变化在半倍块体边长以上、滑落或跳出,即判断为失稳。当波浪累积作用下出现局部缝隙加大至半倍块体边长以上,也判断为失稳。失稳的断面要进行重复试验,重复试验也失稳的,判断为断面失稳;重复试验不失稳,分析其原因,各种块体没有位移即为稳定。

由于该种块体依靠相互之间连锁发挥护面作用,失稳率按 0 标准进行控制。

失稳率按下式计算：

$$n = \frac{n_d}{N_1} \times 100 \quad (4.3\text{-}1)$$

式中：n ——失稳率(%)；

n_d ——静水位上、下各1倍设计波高范围内护面块体的失稳数；

N_1 ——静水位上、下各1倍设计波高范围内护面块体的总数。

(3)胸墙稳定性判断

胸墙的失稳形式为滑移与倾斜，试验通过刻度尺测量胸墙的位移变化，当观测到胸墙发生明显滑动或倾斜时即失稳。

4.3.3 波浪力试验方法

依据《波浪模型试验规程》(JTJ/T 234—2001)和试验技术要求，在现浇混凝土胸墙底部、迎浪面布置点压力传感器来进行测定，数据通过TK2008型数据采集系统采集、分析。对于不规则波作用，连续采集100个以上波作用的波压力过程，模型采样的时间间隔为0.01s。试验时在静水条件下，对所有测点标零，在静水面以下的测点以此时的静水压强作为对应测点的零点，在静水面以上的测点以此时的大气压强作为零点。试验采集到的压强值为测点实际压强与标零时测点对应压强的差值，亦即所受到的波浪动水压强(试验所给浮托力结果不包含静水浮力)。

对于现浇混凝土胸墙所受波浪力的分析，我们先将其置于X、Z坐标轴所构成的二维直角坐标系内。然后将各测点所代表面积、压强在该坐标系X、Z两个方向分别进行投影，再由各测点测得压强过程线，利用积分得到在X、Z两个方向所受到的波浪力，最后统计其所受的水平总力、浮托力和垂直总力。

单位长度现浇混凝土胸墙受波浪力按下式计算：

$$\vec{F}_j(t) = \sum p_i(t) \vec{s}_{ij} \quad (j = x, z) \quad (4.3\text{-}2)$$

式中：$\vec{F}_j$ ——X、Z方向所受到的波浪力(kN/m)；

p_i ——各测点实测压强(kPa)；

$\vec{s}_{ij}$ ——测点在X、Z方向投影所代表的面积(m²)。

4.4 断面C胸墙失稳及优化

断面C试验波浪要素见表4.4-1。

断面 C 试验波浪要素　　　　　　　表 4.4-1

水位	重现期	$H_{1/100}$(m)	$H_{1/10}$(m)	H_{mo}(m)	H_m(m)	T_m(s)	L_m(m)
极端高水位 +4.2m	100 年	(5.92)	5.63	4.92	3.55	14.12	125.65
	50 年	5.85	5.23	4.52	3.20	13.69	121.59
设计高水位 +3.0m	100 年	(5.10)	(5.10)	4.59	3.38	14.12	117.15
	50 年	(5.10)	4.84	4.23	3.04	13.69	113.40
设计低水位 +0.4m	100 年	(3.33)	(3.33)	(3.33)	(3.33)	14.12	96.17
	50 年	(3.33)	(3.33)	(3.33)	2.89	13.69	93.17

4.4.1 设计方案及优化过程

设计方案胸墙顶高程为 +12.0m，泥面高程为 -4.5m，护面块体质量为 11t。摆放好的断面模型见图 4.4-1。

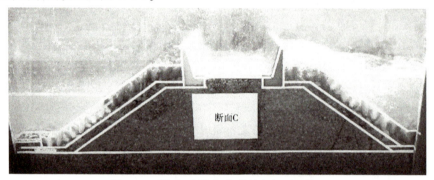

图 4.4-1　断面 C 摆放完成(设计方案,试验前)

极端高水位 +4.2m 重现期 100 年波浪累计作用 6h 后(下文无特别说明,均为原体值),海侧胸墙发生向后倾斜,顶部水平位移约 0.18m,见图 4.4-2。

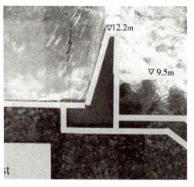

a)试验前　　　　　　　　　　b)试验后

图 4.4-2　断面 C 胸墙原设计方案倾斜情况

第4章 防浪结构薄弱部位案例一：长周期波浪作用下胸墙失稳

断面C胸墙总高度5.9m，块体顶部以上部分胸墙(开敞段)高2.5m。波浪沿护面块体爬高至肩台并破碎，对胸墙迎浪面形成较强冲击，胸墙反浪弧对减小越浪有明显作用，但同时也对自身稳定有不利影响，见图4.4-3。

图4.4-3 波浪对断面C胸墙迎浪面撞击瞬间

针对设计方案胸墙失稳的结果，优化方案将胸墙顶高程由+12.0m加高至+12.5m，底座加宽0.5m，加高0.61m，优化后的重量为369.6kN/m，较原设计方案276.2kN/m增大约34%。重复试验后，胸墙、护面块体和护底块石均稳定。

4.4.2 波浪力试验结果

测力试验针对优化方案外海侧胸墙进行，共布置2排测力断面，每排断面14个压强测点，见图4.4-4。测力位置见图4.4-5。

水平力最大时刻及相应的浮托力试验结果见表4.4-2。水平力最大时刻各测点压强见图4.4-6。

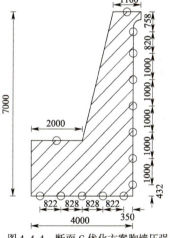

图4.4-4 断面C优化方案胸墙压强测点布置图(尺寸单位:mm)

波浪力试验结果　　　　　　表4.4-2

工况		最大水平力(kN/m)	距底部合力作用高度(m)	相应的浮托力(kN/m)	距后趾合力作用宽度(m)
极端高100年	第1断面	378.5	3.5	40.5	2.4
	第2断面	321.3	3.4	42.4	2.6

图 4.4-5 测力断面位置

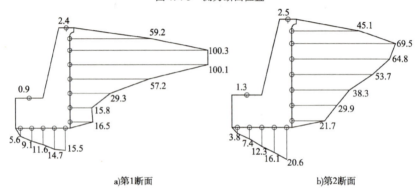

a)第1断面 b)第2断面

图 4.4-6 水平力最大时刻各测点压强分布(单位:kPa)

为了便于设计方确定相关系数,还对试验测得的水平力其他累计频率的特征值进行了统计,以供设计参考,水平力各特征值详见表 4.4-3。

试验 C 断面水平力各累计频率特征值(单位:kN/m)　　　表 4.4-3

工况		最大值 $P_{1/100}$	水平力 $P_{1/10}$	水平力 $P_{1/3}$	水平力 $P_{平均}$
极端高 100 年	第1断面	378.5	219.8	122.7	53.6
	第2断面	321.3	204.8	116.0	50.5

4.5 断面 C 孤立胸墙失稳验证与分析

4.5.1 关于胸墙波浪力的讨论

中国规范在计算波浪力时,将入射波浪在胸墙上的压强按沿高度均匀分布处理,在确定平均压强 p 和波浪作用高度 d_1+Z 后由公式 $P=p(d_1+Z)$ 计算得到胸墙的总水平波浪力。CEM 也采用类似的思路,两种方法计算结果与物模试验结果对比见表 4.5-1。

不同规范计算结果与物模试验结果对比　　　　　　　　　表 4.5-1

方　法	最大水平力(kN/m)	方　法	最大水平力(kN/m)
中国规范	68	物模试验	350
CEM	70		

断面 C 波浪力试验结果表明,胸墙所受波浪力为 350kN/m,而采用中国规范和美国规范中相关公式计算,结果为 70kN/m 左右,试验与规范差异较大,试验结果相当于规范计算的 5 倍,引起了设计的高度重视。有一种观点认为,波浪力不会有如此之大,是某个环节出现了问题。也有观点认为,物模试验中胸墙是稳定的,说明尽管波浪力较大,但胸墙后方的土体对胸墙形成了有效支撑,因此不必过于担心。

总体而言,物模试验得到的波浪力结果远大于规范计算结果,是其 5 倍之多,在工程项目设计中,是很少见的,对设计结构计算和胸墙安全影响较大。为保证项目设计的顺利开展,需对波浪力进行深入研究。

经讨论分析,作者认为:

(1)多年来,国内外学者关于胸墙波浪荷载的研究成果有很多,总结了不少经验公式,有的被各国规范和手册所采纳。我国《港口与航道水文规范》(JTS 145—2015)采用了河海大学的研究成果,美国《海岸防护手册》(Coastal Engineering Manual)引用了学者 Pedersen(1996)的经验公式。由于波浪作用至斜坡面时,爬高水体沿斜坡上升在胸墙迎浪面发生破碎、折返和雍高,并与行进波叠加,使堤前水体运动形态复杂,且胸墙形状、水深和波浪条件千差万别,仍然不能形成系统完善的结论。传统的研究成果和经验公式不能简单地照搬运用,应仔细分析其适用条件。

(2)物模试验中对胸墙波浪力进行了二次复核试验,结果保持不变。经多方检查,排除了入射波高、测量仪器、波浪力计算方法等试验环节的问题;试验结果是可信的,这也得到了业内专家的一致认可。

(3)胸墙后方土体对胸墙形成了有效支撑,由于在试验中,土体不可压缩且未被越浪水体淘刷,胸墙没有发生向后滑动的空间;根据计算,胸墙的抗滑摩擦力约 196.5kN/m。在胸墙有后方支撑的前提下,波浪力 350kN/m 或 70kN/m,均能使胸墙保持稳定,因此,无法证明波浪力具体为多大,需进行孤立胸墙验证试验,即将胸墙后方土体移除,使胸墙孤立于堤顶,后方无依托。若波浪力为 70kN/m,小于抗滑力,则不会移动;若波浪力为 350kN/m,大于抗滑力,则胸墙会产生明显位移。

4.5.2 波浪力试验结果分析

本工程地处印度洋沿岸,常年波周期大于10s,属于典型的长周期波海区。结构形式采用斜坡式,护面块体质量11t,坡度1:1.5。由于防波堤堤顶需兼顾皮带机传输和道路功能,对越浪量要求较高。为保证安全,设计在堤顶设置了直立胸墙,顶高程+12.5 m,底高程+5.5 m,胸墙高度7 m。试验采用的波浪条件见表4.5-2。

试验波浪条件　　　　　　表4.5-2

水深(m)	$H_{1\%}$(m)	$H_{13\%}$(m)	T(s)	L(m)
8.7	5.9	4.9	14.1	125

图4.5-1　波浪对胸墙形成明显的冲击作用

由于本工程胸墙较高,波浪沿坡面爬升后,在高胸墙前发生急剧破碎,形成明显的冲击作用,雍高水体越过堤顶形成越浪,见图4.5-1。从照片上,冲击瞬间波峰面高度大于堤顶高程,胸墙迎浪面自下而上均受到破碎波的冲击作用。

将胸墙各测点压强与代表面积积分求和,得到胸墙每延米水平力时间过程线,见图4.5-2。最大水平力统计结果见表4.5-3。

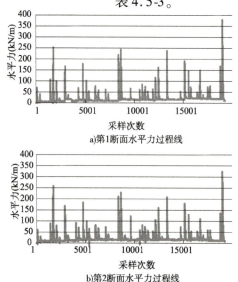

a)第1断面水平力过程线

b)第2断面水平力过程线

图4.5-2　2个测力断面胸墙水平力过程线

第4章 防浪结构薄弱部位案例一：长周期波浪作用下胸墙失稳

最大水平力统计结果   表4.5-3

位 置	最大水平力（kN/m）	平均（kN/m）	相应时刻浮托力（kN/m）
断面1	378	350	40
断面2	322		

从水平力过程线可以看出，不规则波浪作用过程中，少数大浪的贡献较大，产生了多个明显峰值。由表4.5-3可知，2个测力断面最大水平力分别为378kN/m和322kN/m，平均为350kN/m，相应时刻的浮托力为40kN/m。

水平力最大时刻，各测点压强分布见图4.5-3。波浪破碎瞬间胸墙迎浪面压强分布有以下特点：

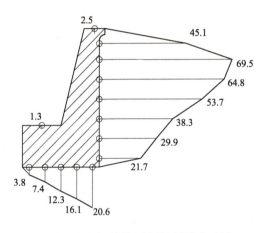

图4.5-3 水平力最大时刻各测点波压强分布（单位：kPa）

（1）压强作用高度基本覆盖整个胸墙迎浪面；以胸墙受力高度7m计算，平均压强为50kPa。

（2）胸墙中上部压强较大，约占高度的2/3，在该区域内压强变化不大。

（3）胸墙顶部和底部，由于破碎水体壅高和消浪块体掩护的原因，压强相对较小。

4.5.3 孤立胸墙失稳验证

由于上述试验结果是在胸墙后方有回填石料的情况下进行的，设计按照规范结果对胸墙稳定性进行计算，可满足抗滑要求。若采用试验结果则不满足要求。而物模试验中，发生破碎波冲击时胸墙仍保持稳定，未出现滑动失稳等破坏现象。后方回填石料对胸墙的支撑，对胸墙稳定起了至关重要的作用，胸墙实际受到的水平力究竟多大难以得到直观的反映。

孤立胸墙验证试验是指根据上述试验结果做了一种假定工况,即将后方回填石料去除,使胸墙前后均无依托放置于堤顶,再重复进行试验。

试验过程中,在波浪开始作用后约10个波时,孤立胸墙在第一个大浪作用下发生了明显的滑动,偏离初始位置,见图4.5-4a)。随后,在个别大浪作用下,胸墙位移略有增加,并发生后倾。造波过程后期某一大浪使胸墙产生较大幅度的位移,最终位置见图4.5-4b)。

a)胸墙在第一个大浪作用下发生位移　　　　　　b)胸墙最终位置

图4.5-4　孤立胸墙在波浪作用下位移过程

按照胸墙自重370kN/m计算,去掉浮托力40kN/m并考虑0.6的摩擦系数,胸墙的摩擦抗力为(370-40)×0.6=198kN/m。若依据规范公式计算的水平力为70kN/m,远小于上述摩擦抗力,胸墙不会发生滑移。但从孤立胸墙试验看,胸墙发生滑动位移,表明水平力大于摩擦抗力(>198kN/m)。

从时间上看,水平力大于198kN/m的第一个峰值约为250kN/m,其发生的时间也与胸墙实际滑移的开始时间基本吻合。换言之,水平力峰值出现的时间与胸墙发生滑移的现象互相印证,说明波浪对胸墙的冲击力远大于规范结果,物模试验的结果是可靠和符合实际的。

4.5.4　规范计算与试验结果差异分析

(1)冲击波压力分布特点

中国规范采用的公式以波压强沿墙面均匀分布,本次试验和类似研究表明,波浪产生的压强沿胸墙迎浪面并不是均匀分布,在波浪压强极大值附近的一定范围内,压强变化较小,在其他区域则快速衰减。中国规范与物模试验的波压作用高度对比见表4.5-4。

第4章 防浪结构薄弱部位案例一：长周期波浪作用下胸墙失稳

中国规范与试验结果对比　　　　　　　　表 4.5-4

方　法	最大水平力(kN/m)	平均压强 p (kPa)	作用高度(m)
中国规范	68	56.7	1.2
物模试验	350	50.0	7.0

对比后发现，物模试验得到平均压强与中国规范接近，但作用高度远大于规范。这也是试验总水平力是规范5倍的主要原因。规范公式未考虑压强衰减区域，导致计算的总水平力偏小。这一发现与其他研究成果一致。

(2) 规范公式未充分体现长周期波浪对胸墙破碎冲击的影响

中国规范的研究成果源于20世纪80年代，是对当时试验结果进行分析总结后的成果，为指导沿海工程设计提供了依据，发挥了重要作用。试验参数考虑了波要素、坡肩宽度、斜坡坡度、堤前水深、墙前水深、胸墙底宽以及胸墙埋入基床深度等七个因素的影响，基本涵盖了我国沿海地区从辽宁到广东各主要海区的波浪特点，具有较为普遍的适应性。

需要指出的是，尽管中国规范先后在1998年和2013年进行了修订，但计算胸墙波浪力的条文没有变化，仍沿用了1987年的规范内容，距今已30多年。当时，由于港址条件优良，掩护较好，外海涌浪对港口的影响相对较小，研究参数以风浪为主，未考虑坦波（$L/H>30$，即长周期波）的情况，因此，规范公式对长周期波海区的适应性不强，与模型试验结果存在较大差异，值得格外关注。

另外，规范公式适用于无掩护胸墙，即胸墙前无护面块体，本研究中胸墙为有掩护情况，一定程度上减小了波浪对胸墙底部的冲击。今后，还应针对长周期波浪开展系列组次的试验，研究波浪周期、墙前水深、胸墙高度等因素对波压力的影响。

美国规范引用了学者 Pedersen. J (1996) 的研究成果，该研究成果考虑了波高、周期、墙前水深、胸墙底宽和胸墙高度等因素的影响，并指出水平力与胸墙高度的平方成正比。水平力随波高和周期的增加而增加，但周期的影响比波高更为明显。该研究同样未考虑波浪破碎的影响，但美国规范同时明确指出，破碎波的冲击压力比正常波浪力大几倍，应根据模型试验获得。

综上，本工程胸墙受长周期波破碎冲击，不符合中国规范和 CEM 的适用条件，所受波浪力与规范计算结果有较大差异，是合理的。在设计过程中，应以物模试验结果作为主要依据。

4.6 小　　结

有关胸墙波浪荷载的计算一直不是非常成熟,而规范公式一般是通过对典型条件下的模型试验研究总结获得的,因此也往往具有一定限制和适用条件,特别是本次出现的近破波情况,对此采用物理模型试验验证是十分必要的。

(1) 长周期波浪爬高大,容易在胸墙前发生破碎时,对胸墙的瞬间冲击作用较大,对整体稳定非常不利。在后方无依托时,胸墙会发生滑动失稳。后方填料对胸墙的支撑是胸墙稳定的重要保障,应重视后方回填石料的防护,保证其不受越浪的影响。

(2) 在台风等特殊天气下,涌浪特征明显,容易出现胸墙荷载过大而引发破坏的现象,值得格外关注。

根据相关资料统计,当台风临近某一海区时,该海区易出现周期超过 8s 的涌浪。影响某港区的典型台风波高和周期历时过程见图 4.6-1。由图可知,在台风抵达 24 小时之前,波周期由 4s 逐渐增大至 12s,表现出明显的涌浪特征。

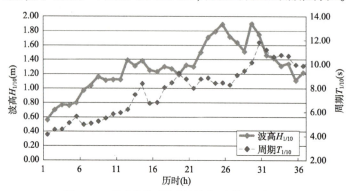

图 4.6-1　影响某港区的台风波高和周期历时过程

(3) 规范公式往往是对典型条件下模型试验的总结,具有较强的普遍性,但也具有一定的限制和适用条件,遇到长周期作用下的近破波情况,无论中国规范还是 CEM 的经验公式,对平均压强的作用高度计算偏小,都未完全体现这一特殊情况下的波浪力特点,与模型试验结果存在较大差异,值得格外关注。在设计过程中,应以物模试验结果作为主要依据。

第5章 防浪结构薄弱部位案例二：季风期强浪施工断面防护措施研究

5.1 工程概况

本章以上述章节工程为依托，进行季风期强浪施工断面防护措施研究。工程总体布置如图5.1-1所示。

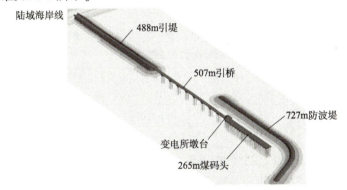

图5.1-1 码头总体平面布置图

本工程地处高温干燥的亚热带气候，年降雨量低于200mm，且大部分发生在季风季节。夏天炎热潮湿，冬天温暖干燥。从5月到9月，该地区受到西南季风的影响，海面波浪较大。防波堤目前施工进展为：5~450kg堤心石基本完成推填，护底、护脚、垫层块石完成部分安装，如图5.1-2所示。

防波堤全长727m，顶面宽度：8.34~9.03m，结构形式：堤心石+护底、护脚块石+块石垫层+扭王字块（CORE-LOCS），附属结构：现浇防波堤堤头灯基础+检修通道。防波堤施工采用"水陆并进方案"：水

图5.1-2 防波堤施工进展

上开底驳填筑,陆上通过钢栈桥支线推填;钢栈桥支线亦作为块石、扭王字块等材料运输通道。考虑到堤顶通行宽度,陆上推填采取分层的方式进行,第一层推填到+3.5m高程,履带吊跟进安装护脚块石和扭王字块。

经综合比较,以DK350断面为典型防护断面(图5.1-3)进行试验研究。季风期防波堤临时断面安装块石垫层和扭王字块进行防护,如表5.1-1所示。

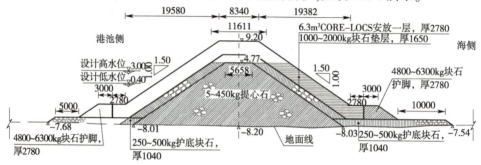

图5.1-3　防波堤临时防护断面DK0+350断面(尺寸单位 mm)

各防护断面护面块统计　　　　　　　　　　　　表5.1-1

位　置		护底块石(t)	护脚块石(t)	垫层块石(t)	扭王字块体积(m^3)/质量(t)	顶高程(t)	底高程(t)
DK350	海侧	0.25~0.50	4.80~6.30	1.00~2.00	6.3/15	4.77	-8.20
	港侧	0.25~0.50	—	1.00~2.00	—		

试验主要目的,是以DK350断面为典型防护断面,对季风期强浪作用下防波堤典型断面不同防护措施进行试验研究,以寻求安全、经济的防护措施并为施工提供依据和指导。物理模型试验需测定并统计扭王字块、防护块石的稳定性及失稳率,分析堤顶越浪对堤心石稳定性的影响。并根据试验结果,评估堤头及防波堤转角位置因波能集中对防护措施的影响及建议。

5.2　试验内容与条件

试验内容包括:

(1)防护断面1(堤顶2块扭王字块)、防护断面2(堤顶5块扭王字块)、防护断面3(港测斜坡安装扭王字块/堤顶两侧各1块扭王字块)、防护断面4(堤顶一层块石垫层/1块扭王字块)在重现期5年和10年一遇波浪持续24小时作用下,扭王字块、块石垫层的位移和摆动幅度,并统计失稳率,以及堤顶堤心石的淘刷量。

(2)防护断面增1(堤顶垫层块石施工至设计高程/扭王字块相应防护至此高

程)在重现期5年和10年一遇波浪持续24小时作用下,扭王字块、块石垫层的位移和摆动幅度,并统计失稳率。

(3)防护断面增2(堤顶2块扭王字块)扭王字块、块石垫层和堤顶堤心石稳定的极限波高(根据现场施工经验,2017年引堤段可抵抗的最大有效波高为2.5m)。

(4)防护断面增3(同无护脚的断面2)在重现期10年一遇波浪持续24小时作用下,扭王字块、块石垫层的位移和摆动幅度,并统计失稳率。

试验水位为设计高水位+3.0m。防护断面1~4及防护断面增1采用表5.2-1所示波浪要素。防护断面增2采用波高$H_{13\%}$=2.5m、3.0m、3.5m,周期T_m=11.65s波要素进行试验。

物模试验波浪要素统计表(用于防护断面1~4及增1)   表5.2-1

5年一遇设计波浪					
项目	水位(m)	$H_{1\%}$(m)	$H_{5\%}$(m)	$H_{13\%}$(m)	T_m(s)	作用时间(h)
数值	3.00	5.51	4.70	4.07	11.65	24
10年一遇设计波浪					
项目	水位(m)	$H_{1\%}$(m)	$H_{5\%}$(m)	$H_{13\%}$(m)	T_m(s)	作用时间(h)
数值	3.00	5.97	5.12	4.46	12.40	24

5.3 施工期防护方案

施工期防护方案共计7个,方案对比见表5.3-1,各方案断面图见图5.3-1。

施工期各防护方案对比表   表5.3-1

方案名称	堤顶扭王字块	备注
防护断面1	2块	
防护断面2	5块	
防护断面3	堤顶两侧各1块	安装港池侧块体
防护断面4	堤顶一层块石垫层/1块	
防护断面增1	堤顶垫层块石施工至设计高程/扭王字块相应防护至此高程	
防护断面增2	2块	无堤脚块石
防护断面增3	同无护脚的断面2	无堤脚块石

33

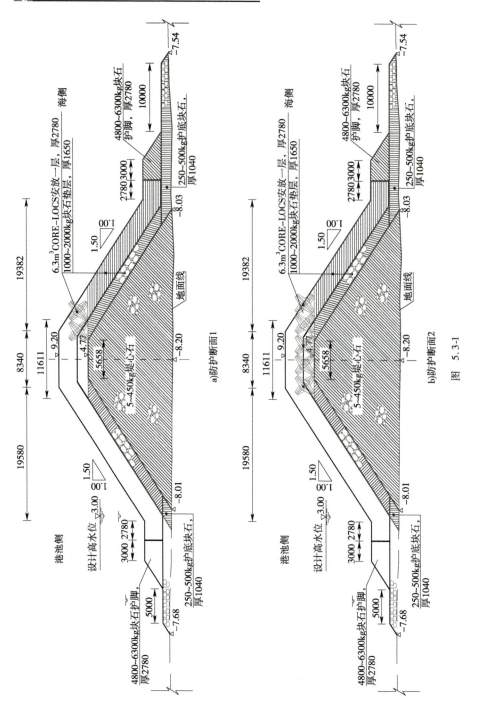

图 5.3-1

第5章 防浪结构薄弱部位案例二：季风期强浪施工断面防护措施研究

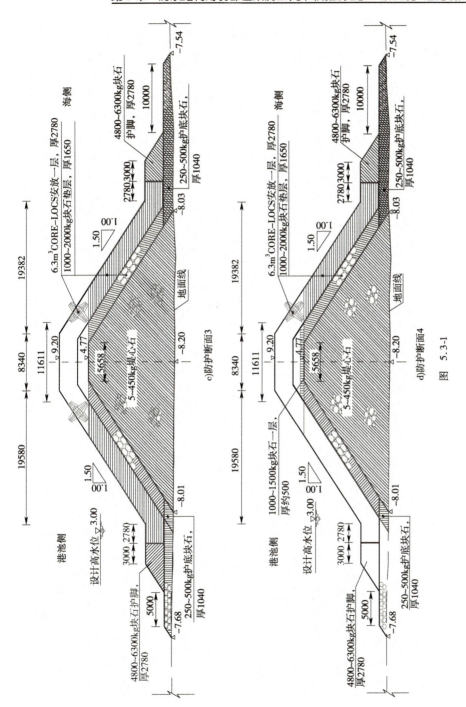

图 5.3-1

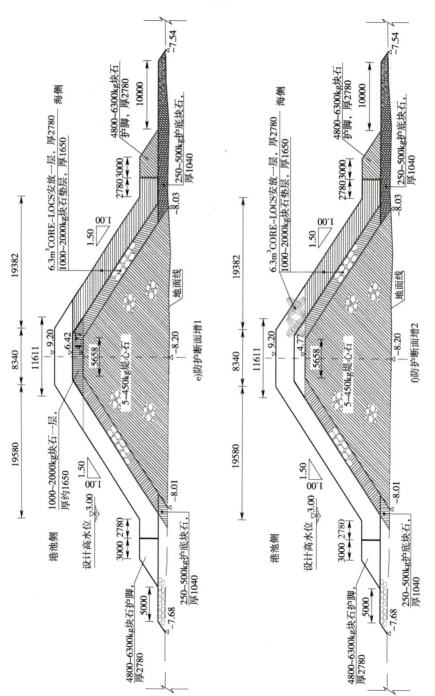

图 5.3-1

第5章 防浪结构薄弱部位案例二：季风期强浪施工断面防护措施研究

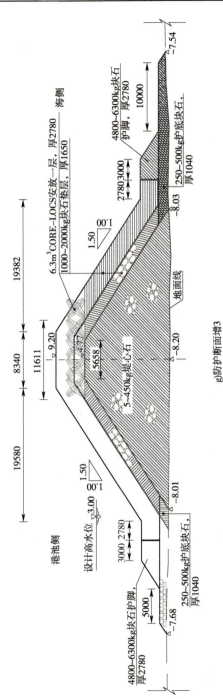

图 5.3-1 防波堤典型断面不同防护措施物理模型试验断面（尺寸单位：mm）

5.4 防护方案试验结果

5.4.1 防护断面1和2

防护断面1和2,堤心石均施工至+4.77m,区别在于断面1顶部铺块体2块,断面2顶部铺5块,见图5.4-1。

图5.4-1 防护断面1和2

防护断面1:在5年一遇波浪($H_{13\%}=4.07$m)作用仅30min(原型)后,堤顶堤心石受越浪淘刷严重,堤顶区域内表层堤心石失稳率近90%,堤顶CORE-LOC块体(共计20块范围内)失稳率近60%。试验照片见图5.4-2。

a)试验前

b)试验后

图5.4-2 防护断面1试验前后对比(5年一遇波浪)

防护断面2:在5年一遇波浪作用24小时(原型)后,背浪侧1000~2000kg块石垫层在试验水位(设计高+3m)上下1倍波高范围内失稳率为10%~15%,

CORE-LOC 块体未见失稳。试验照片见图 5.4-3。

a)试验前

b)试验后

图 5.4-3　防护断面 2 试验前后对比(5 年一遇波浪)

防护断面 2：在 10 年一遇波浪(波高 $H_{13\%}=4.46\text{m}$)作用仅 30min(原型)后,背浪侧 1000~2000kg 块石垫层在试验水位(设计高+3m)上下 1 倍波高范围内受淘刷失稳较严重,且堤顶 CORE-LOC 块体(即堤顶 6 列范围内计 60 块)失稳率近 50%。试验照片见图 5.4-4。

a)试验前

b)试验后

图 5.4-4　防护断面 2 试验前后对比(10 年一遇波浪)

5.4.2　防护断面 3

防护断面 3,堤心石均施工至+4.77m,港池内侧铺设块体,堤顶两侧各铺块体 1 块。在 5 年一遇波浪作用仅 30min(原型)后,堤顶堤心石受越浪淘刷严重,堤顶区域内表层堤心石失稳率近 50%,且堤顶迎浪侧 CORE-LOC 块体(即图中堤顶右侧白色一列共计 10 块范围内)失稳率近 30%。试验照片见图 5.4-5。

a)试验前

b)试验后

图 5.4-5　防护断面 3 试验前后对比(5 年一遇波浪)

5.4.3　防护断面 4

防护断面 4,堤心石均施工至 +4.77m,并铺设垫层厚度约 0.5m,堤顶迎浪侧铺块体 1 块。

(1)5 年一遇波浪

防护断面 4:在 5 年一遇波浪作用 24 小时(原型)后,背浪侧 1000~2000kg 块石垫层在试验水位(设计高 +3m)上下 1 倍波高范围内失稳率为 10%~15%,堤顶 1000~1500kg 块石垫层及 CORE-LOC 块体未见失稳。试验照片见图 5.4-6。

(2)10 年一遇波浪

防护断面 4:在 10 年一遇波浪(波高 $H_{13\%}$ =4.46m)作用仅 30min(原型)后,背浪侧 1000~2000kg 块石垫层在试验水位(设计高 +3m)上下 1 倍波高范围内及堤顶 1000~1500kg 块石垫层受淘刷失稳较严重(堤顶出现明显淘刷坑,堤心石裸露),CORE-LOC 块体未见失稳。试验照片见图 5.4-7。

5.4.4　防护断面增 1

防护断面增 1,堤心石均施工至 +6.24m,块体铺设至相应高度。

(1)5 年一遇波浪

防护断面增 1:在 5 年一遇波浪作用 24 小时(原型)后,堤顶 1000~2000kg 块石垫层稳定,失稳率在 5% 以内。迎浪侧 CORE-LOC 块体稳定,失稳率为 0。背浪侧 1000~2000kg 块石垫层在静水位(+3m)附近区域受越浪流冲击淘刷较严重,失稳率约 20%。试验照片见图 5.4-8。

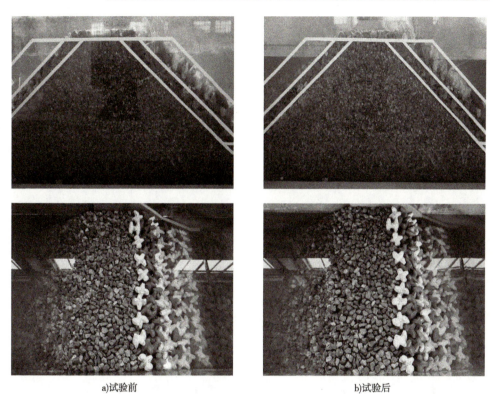

a)试验前　　　　　　　　　　　b)试验后

图 5.4-6　防护断面 4 试验前后对比(5 年一遇波浪)

a)试验前　　　　　　　　　　　b)试验后

图 5.4-7　防护断面 4 试验前后对比(10 年一遇波浪)

(2)10 年一遇波浪

防护断面增 1:在 10 年一遇波浪($H_{13\%}=4.46\mathrm{m}$)作用仅 30min(原型)后,堤顶

1000～2000kg 块石垫层失稳率约为30%。迎浪侧堤顶黄色 CORE-LOC 块体列有1块失稳。堤顶受冲刷的块石迁移散落至背浪侧 1000～2000kg 块石垫层表层,故不便于判断 1000～2000kg 块石垫层失稳率。试验照片见图 5.4-9。

a)试验前　　　　　　　　　　　　　　b)试验后

图 5.4-8　防护断面增1试验前后对比(5年一遇波浪)

a)试验前　　　　　　　　　　　　　　b)试验后

图 5.4-9　防护断面增1试验前后对比(10年一遇波浪)

5.4.5 防护断面增2

防护断面增2,堤心石均施工至+4.77m,顶部铺设块体2块,堤脚无块石。

(1) 波高 $H_{13\%} = 2.5\text{m}$

在波高 $H_{13\%} = 2.5\text{m}$,周期 $T_m = 11.65\text{s}$ 波浪作用24小时(原型)后,防波堤堤顶及背浪侧1000~2000kg块石垫层未现失稳,因为鲜有越浪流。迎浪侧CORE-LOC块体未见失稳。

(2) 波高 $H_{13\%} = 3.0\text{m}$

在波高 $H_{13\%} = 3.0\text{m}$,周期 $T_m = 11.65\text{s}$ 波浪作用24小时(原型)后,防波堤堤顶5~450kg堤心石区域内失稳率为10%~15%(失稳堤顶块石位于紧邻堤顶CORE-LOC块体的背浪侧带状区域)。背浪侧1000~2000kg块石垫层未现失稳,因为越浪流冲击范围仅至堤顶中轴线附近。迎浪侧CORE-LOC块体未见失稳。试验照片见图5.4-10。

a)试验前　　　　　　　　　　　b)试验后

图5.4-10　防护断面增2试验前后对比(波高 $H_{13\%} = 3.0\text{m}$,周期 $T_m = 11.65\text{s}$)

(3) 波高 $H_{13\%} = 3.5\text{m}$

在波高 $H_{13\%} = 3.5\text{m}$,周期 $T_m = 11.65\text{s}$ 波浪作用24小时(原型)后,防波堤堤顶5~450kg堤心石受越浪流淘刷明显,堤顶区域内堤心石失稳率为60%~70%。背浪侧1000~2000kg块石垫层未现失稳,因为越浪流冲击范围至水平堤顶与背浪侧斜坡交界处附近。堤顶迎浪侧CORE-LOC块体(图中黄白两列共计20块范围内)失稳1块。试验照片见图5.4-11。

5.4.6 防护断面增3

防护断面增3,堤心石均施工至+4.77m,顶部铺设块体5块,与断面2的区别在于堤脚无块石。

a) 试验前　　　　　　　　　　　　　　　　b) 试验后

图 5.4-11　防护断面增 2 试验前后对比(波高 $H_{13\%}=3.5m$,周期 $T_m 11.65s$)

在 10 年一遇波浪(波高 $H_{13\%}=4.46m$)作用仅 30mins(原型)后,防波堤背浪侧 1000~2000kg 块石垫层在试验水位(设计高+3m)上下 1 倍波高范围内受越浪流淘刷失稳严重,且堤顶 CORE-LOC 块体(即堤顶 6 列范围内共计 60 块)失稳率近 50%。试验照片见图 5.4-12。

a) 试验前　　　　　　　　　　　　　　　　b) 试验后

图 5.4-12　防护断面增 3 试验前后对比(10 年一遇波浪)

5.5 小　　结

通过比尺 1:35 的二维水槽断面模型,对季风期强浪防波堤典型断面不同防护措施涉及的 7 个断面进行试验研究,验证不同波浪要素作用下护面块体、块石垫层和堤心石的稳定性,为防护施工提供依据。不同防护方案的效果对比见表 5.5-1。

不同防护方案的效果对比表　　　　　表 5.5-1

方案	堤顶堤心石	堤顶块体	背浪侧垫层	波浪作用时间(h)
1	90%	60%		0.5
2	0	0	10%~15%	24
3	50%	30%		0.5
4	0	0	10%~15%	24
增 1	垫层稳定	0	20%	24

试验发现:

(1) 堤顶块体相互支撑是保持块体稳定的重要前提。若堤顶块体排数较少,仅在迎浪侧铺设 2 排时,块体失稳率较高。若覆盖全部堤顶,可明显提高块体稳定性。港池侧铺设块体,对外海侧防护基本没有影响。

(2) 堤顶覆盖一定厚度的垫层,可发挥部分保护作用,明显提高块体稳定性。

(3) 适当提高堤心石和块体铺设高度,对断面稳定十分有利。在施工期波浪条件下,堤脚块石对堤顶块体的稳定没有影响。

(4) 从波浪作用 24 小时的时间指标来看,断面 2 和断面 4 防护效果最佳。断面增 2,对抵抗 3m 的波浪有良好的防护效果。

第6章 防浪结构薄弱部位案例三:港池开挖引发波能集中

黄骅港位于沧州渤海湾西岸,是我国北方风暴潮灾害的多发区域。根据河北省海洋局风暴潮灾害应急执行预案,风暴潮预警报分为特别严重、严重、较重和一般,颜色依次为红色、橙色、黄色和蓝色。1950年以来黄骅港历次致灾风暴潮潮位见图6.0-1。研究表明,受厄尔尼诺现象的影响,沧州沿海风暴潮灾害发生频率呈上升趋势。1990年之前基本为10年一次,1990—2011年,上升为3年一次,2011年以来频发趋势愈加明显,1~2年一次。

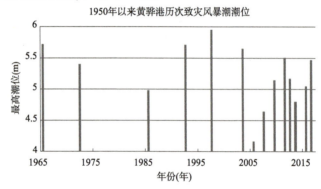

图6.0-1 1950年以来黄骅港历次致灾风暴潮位

例如,2015年11月5日和2016年10月22日的两次严重的风暴潮灾害,最高潮位达5.05m和5.47m,灾害等级分别为黄色和橙色,给大宗散货码头带来了不利影响,拟续建位置局部护岸上水较大,局部挡浪墙倾覆(图6.0-2),导致后方堆场上水,影响了码头生产。

护岸工程设计过程中,护岸各部位的稳定性、挡浪墙波压力和堤顶越浪量等与波浪条件有直接关系。影响设计波浪的因素,除了港区波浪条件、掩护状况以外,

图6.0-2 局部护岸挡浪墙遇风暴潮灾害倾覆

第6章 防浪结构薄弱部位案例三：港池开挖引发波能集中

还包括平面布置和地形条件等。例如，平面布置应尽量避免采用内凹型走向，以免出现夹角处波能集中现象。此种布置规范中有明确规定，较为直观，也容易理解，因此，得到了广大设计人员的重视。相对而言，地形条件引起的波能集中现象往往较为隐蔽，不易被发现，在设计过程中也容易被忽视，从而造成设计的被动或返工。

例如，护岸工程海底地形多为天然缓坡，而有些工程护岸前需开挖形成港池。开挖坡度一般较陡，且开挖后水深明显加大，改变了波浪的传播方向，造成局部波能集中，对结构安全和越浪量等造成重要影响。

6.1 工程概况

黄骅港某大宗散货码头位于黄骅港散货港区大型干散货作业区中部，包括4个20万吨级专业化矿石泊位。该码头前期已建成西侧2个泊位，并投入运营。本次续建工程包括2个20万吨级泊位，码头岸线682m。

本章以黄骅某码头工程为例，通过波浪物理模型试验，从护岸上水范围、加高措施和越浪量三个方面，对港池开挖引发波能集中的现象进行了复演，研究了港池边坡开挖对护岸工程的影响，得到了一些有益的结论，值得类似工程参考。

6.2 研究条件

6.2.1 试验水位和波浪

由于研究主要侧重高水位条件，试验水位为：极端高水位+5.61m（黄骅港理论最低潮面起算）；物理模型起始边界波要素依据该工程前期波浪模型研究成果。

6.2.2 试验方案

码头为高桩梁板式结构，顶高程为+7m。陆域北侧为北护岸，采用斜坡式结构，上部设置挡浪墙，现状顶高程为+6.4m。后方陆域高程为+6m。本次物模试验按航道疏浚至20万吨级，航道底高程为−19.0m，有效宽度250m。

港区规划及工程位置图见图6.2-1，平面布置图见图6.2-2。码头及护岸断面图见图6.2-3、图6.2-4。

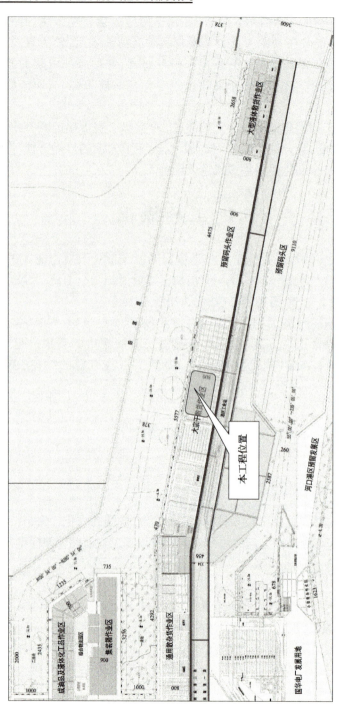

图 6.2-1 工程位置图(尺寸单位:mm)

第6章 防浪结构薄弱部位案例三:港池开挖引发波能集中

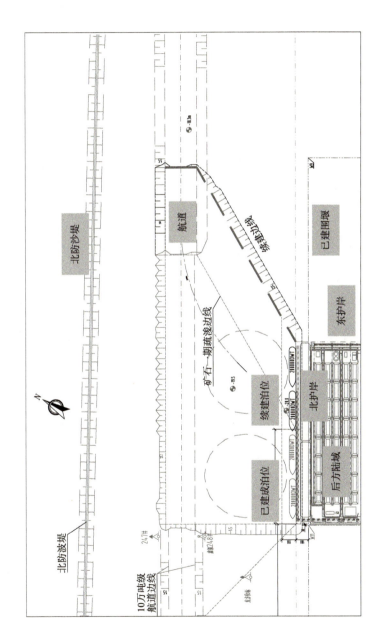

图 6.2-2 工程平面布置图(尺寸单位:mm)

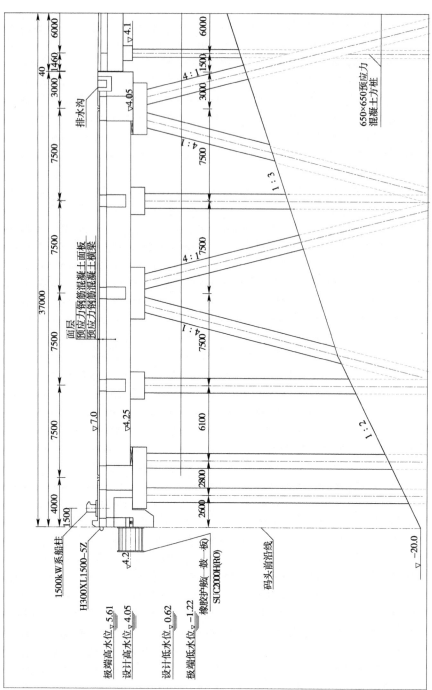

图 6.2-3 高桩式码头断面图（顶高程+7.0m）（尺寸单位：mm）

第6章 防浪结构薄弱部位案例三:港池开挖引发波能集中

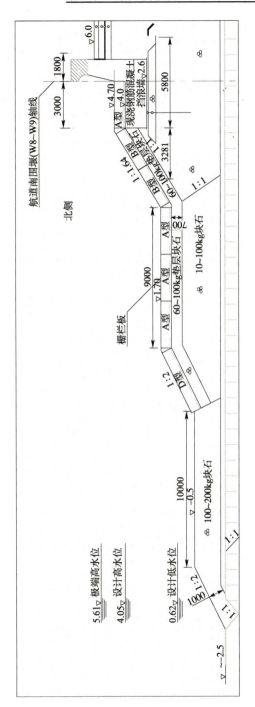

图 6.2-4 围堰断面图（顶高程 +6.0m）（尺寸单位:mm）

6.2.3　试验内容与要求

(1)针对现状条件下,即西侧2个泊位已建、续建泊位未建、港池已开挖条件,测定双50工况(50年波浪+50年水位)港池与护岸交接处护岸上水情况及影响范围。

(2)针对续建泊位建成后,双50工况下港池与护岸交接处护岸上水情况及影响范围,验证并优化加高工程措施。

(3)根据试验情况,给出护岸加高措施和范围。

(4)根据修订版规范和工程实际情况,本工程属于人员不密集或后方有一般性设施,如堆场或仓库等。越浪量按20~50L/(m·s)作为控制标准。

6.3　研究方法

按照试验目的和要求,试验技术路线如下:

(1)采用断面物理模型,对护岸现状条件和加高后的越浪情况进行研究;越浪量按20~50 L/(m·s)作为控制标准。

(2)采用整体物理模型,对续建工程2个泊位进行模拟,研究现状条件和加高后上水范围,确定护岸加高长度。

根据试验目的,结合试验场地及设备情况,断面模型比尺为1:20.4。整体模型比尺为1:70,模型范围包括矿石码头续建工程2个泊位、西侧部分已建泊位、港池、航道及附近区域。模型布置见图6.3-1。

试验边界入射波要素见表6.3-1。断面试验波浪条件选择港池边坡与围堰拐角处波要素。

试验边界入射波要素　　　　　　　　　　　　表6.3-1

设计工况	位置	$H_{1\%}$(m)	$H_{13\%}$(m)	$\bar{T}$(s)	L(m)
50年重现期水位(m)+50年波浪	航道北侧	3.68	2.66	8.7	72
	航道中	3.27	2.37	8.7	83
	航道南侧(临近航道)	3.78	2.76	8.7	72
	航道南侧(临近围堰)	3.59	2.60	8.7	72
	港池边坡与围堰拐角	3.80	2.78	8.7	72

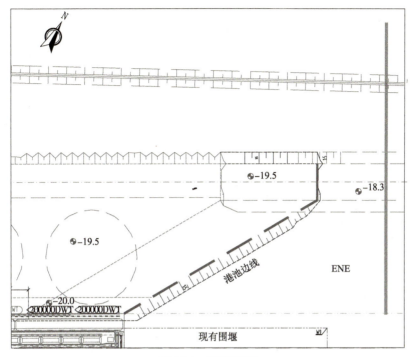

图 6.3-1 模型布置图

6.4 越浪量试验结果

断面试验波要素选自整体试验中港池拐角与围堰拐角处波高,双 50 工况(50年水位+50 年波浪)具体见表 6.4-1。护岸有 3 个方案:现状方案顶高程为+6.4m,大弧方案顶高程为+7.5m,鹰嘴方案是在现状方案基础上增加 1.1m 高的反弧段,见图 6.4-1。

矿石续建北护岸断面方案列表及越浪量结果　　　　表 6.4-1

北护岸方案	顶 高 程	双50工况越浪量[L/(m·s)]
现状方案	+6.4m	228.7
大弧方案	+7.5m	43.2
鹰嘴方案	+7.5m	35.7
	+7.5m(后方矮墙高0.5m)	15.1
	+7.5m(后方矮墙高1.0m)	8.8

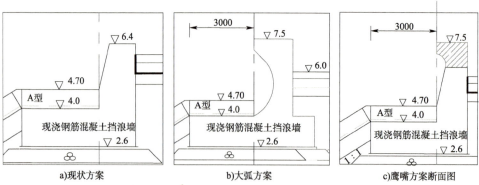

图 6.4-1　护岸不同方案断面图(尺寸单位:mm;高程单位:m)

不同方案越浪现象、照片,如图 6.4-2 所示,越浪量汇总如下:

a)现状方案　　　　　　　　　　　　b)大弧方案

c)鹰嘴方案　　　　　　　　　d)鹰嘴方案加防风网底座矮墙1.0m

图 6.4-2　不同断面方案越浪照片

(1)现状方案:由于水位较高,护岸越浪较大,成层状水体越过堤顶向陆域扩散,形成 1-1.5m 的水舌厚度,越浪量为 228.7L/(m·s)。

(2)大弧方案:反浪弧对减少越浪有明显效果,但大浪时仍有部分水体越过堤顶向陆域扩散,越浪量为43.2L/(m·s),满足规范要求。

(3)鹰嘴方案:反浪弧对减少越浪有明显效果,但大浪时仍有部分水体越过堤顶向陆域扩散,越浪量为35.7L/(m·s),满足规范要求。

(4)加后方挡墙方案:在鹰嘴方案的基础上,考虑后方7m处防风网底座发挥一定程度的挡水作用,又增加了防风网底座的试验。底座矮墙高度按0.5m和1.0m考虑。试验发现,考虑后方矮墙后,可发挥一定的挡水作用。特别是对越浪水体较小时,效果较为理想。但矮墙不能阻挡大浪产生的越浪。矮墙高0.5m时,挡水效果较弱,大浪时越浪水体越过护岸后,仍可翻越防风网基座。矮墙高1.0m,挡水效果相对较好。

6.5 波浪力试验结果

针对鹰嘴方案和防风网基座,试验在双50工况,即极端高水位+5.61m,50年重现期波浪 $H_{13\%}$ 为2.78m(有堤情况)条件下对挡浪墙波浪力进行了测量。

测力断面为修复段现状+6.4m基础上加鹰嘴(见图6.5-1阴影区),顶高程为+7.5m。由于该方案仍有一定程度的越浪,对后方防风网基座矮墙也进行了点压强测量,供设计参考。按照建设单位提供的资料,矮墙与前方挡浪墙净间距为7m。

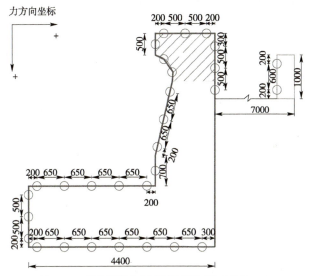

图6.5-1 挡浪墙测点布置图及编号(尺寸单位:cm)

前方挡浪墙共布置28个测点,见图6.5-2。力的方向定义为:水平力向右为正,垂直力向下为正。

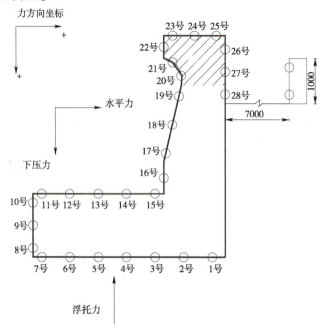

图 6.5-2 挡浪墙受力方向及定义示意图(尺寸单位:cm)

由图 6.5-2 可知,挡浪墙所受波浪力主要有 3 个方向,分别为迎浪面所受的水平力、底部所受的浮托力以及上表面所受的下压力。浮托力和下压力的合力为垂直合力,即作用于挡浪墙基础的荷载。为便于描述,定义水平力向右为正,垂直力向下为正。试验采样频率为 100Hz,波个数为 100 个,单个测点采样数据量为 22000 个。

对各点压强积分得到挡浪墙各时刻的总力。波浪力统计结果见表 6.5-1。单项波浪力最大时刻,其他单项力对应值见表 6.5-2。水平力最大时刻,各测点压强见表 6.5-3,分布图见图 6.5-3。

波浪力最大值统计结果(单位:kN/m) 表 6.5-1

挡浪墙所受力	水平力最大值	垂直合力最大值	浮托力最大值	下压力最大值
波浪力最大值	296.2	177.8	−125.2	160.5

注:浮托力最大值为负值,表示方向向上,下同。

各单项波浪力最大时刻及其他单项对应值(单位:kN/m) 表 6.5-2

挡浪墙所受力	水平力(kN/m)	垂直合力(kN/m)	浮托力(kN/m)	下压力(kN/m)
水平力(下压力)最大时刻	296.2	142.6	−17.9	160.5

第6章 防浪结构薄弱部位案例三:港池开挖引发波能集中

续上表

挡浪墙所受力	水平力(kN/m)	垂直合力(kN/m)	浮托力(kN/m)	下压力(kN/m)
垂直合力最大时刻	228.5	177.8	38.0	139.8
浮托力最大时刻	155.4	10.4	−125.2	135.6

水平力最大时刻各测点压强 　　　　表 6.5-3

位置	编号	点压强(kPa)	位置	编号	点压强(kPa)
底部	1	1.9	基座表面	15	74.2
	2	2.9		16	76.8
	3	2.8	迎浪面	17	83.7
	4	3.6		18	94.5
	5	4.2		19	90.2
	6	4.8		20	105.1
	7	9.3		21	99.2
底座迎浪面	8	9.5	顶面	22	0.9
	9	26.5		23	−0.4
	10	32.1		24	0.8
基座表面	11	27.1	背面	25	4.2
	12	28.4		26	−2.4
	13	45.1		27	−0.4
	14	58.3		28	0.3

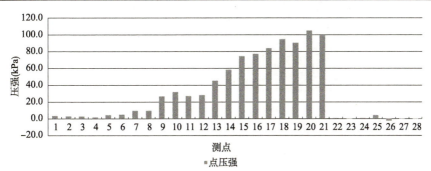

图 6.5-3　水平力最大时刻各测点压强图

由统计结果可知,挡浪墙所受波浪力有如下特点:

(1)水平力的最大时刻,也是下压力的最大时刻。换言之,水平力与下压力同

57

时达到最大值。水平力最大值为296.2kN/m。

(2)垂直合力最大时刻,水平力和下压力也较大。此时,下压力是垂直合力的主要来源。垂直合力最大值为177.8 kN/m。

(3)浮托力最大时刻,水平力远未达到最大值。浮托力最大值为125.2 kN/m。

(4)点压强自迎浪面由下而上逐渐增大,在鹰嘴反弧段附近达到最大值。其他位置相对较小。

6.6 护岸上水试验结果

整体试验中,续建工程港池已开挖,码头未建。模拟范围包括部分已建泊位、续建工程港池、主航道及附近区域。试验方案包括现状(码头建设前)、码头建设后和采取加高措施三个阶段。

6.6.1 现状阶段

现状阶段,北护岸顶高程为+6.4m。续建工程港池已开挖,码头未建。制作好的模型照片见图6.6-1。

图6.6-1 制作好的模型照片

现状阶段,双50工况下,由于航道两侧底高程为-3m左右,航道底高程为-19m,受航道折射影响,航道以北为迎浪侧,波高增大。航道以南波浪遇港池开挖边坡后再次发生折射,在边坡附近形成大浪区,见图6.6-2。

折射波浪与沿围堰的行进波发生叠加,形成局部波能集中现象,使集中区的护岸上水较大。上水影响范围自港池拐角处向东约350m,见图6.6-3。其中,以拐角处附近上水最为严重,最大上水厚度约2.2m。

第6章 防浪结构薄弱部位案例三：港池开挖引发波能集中

图 6.6-2　现状阶段港池边坡附近波高增大

图 6.6-3　现状阶段港池拐角附近上水较大

上水影响范围自港池拐角处向西约 400m，大浪时可至已建泊位东端，见图 6.6-4。以北护岸东端为零点，向西不同岸段最大上水厚度见表 6.6-1。

图 6.6-4　现状阶段港池拐角以西上水区域

59

北护岸现状阶段不同岸段最大上水厚度结果(单位:m)　　表 6.6-1

位置	里程 0m	里程 100m	里程 200m	里程 400m
最大上水厚度	2.2	1.5	1.0	0.7

6.6.2 码头建设后阶段

码头建设后,北护岸未加高,顶高程为+6.4m。双50工况下,边坡附近折射现象与现状阶段类似,拐角附近仍为上水主要影响区域,见图6.6-5。

图 6.6-5　码头建设后阶段港池拐角以东上水严重

同时,码头的建设,对后方护岸上水有一定的掩护效果。由于码头上部结构的阻挡,波浪在码头附近有所衰减,有利于减少护岸上水。

但在港池拐角处,港池边坡与码头有30°夹角,折射波浪为斜向作用于北护岸,见图6.6-6,因此,北护岸东端难以受到前方码头的掩护,上水仍较大,见图6.6-7。拐角以西岸段,随着与拐角距离的加大,码头的掩护效果愈加明显,上水也随着减小。影响范围也相应减少至拐角以西约200m,至以西400m处大浪时无上水。不同岸段上水厚度见表6.6-2。

图 6.6-6　码头建设后阶段折射波浪斜向作用于护岸

第6章 防浪结构薄弱部位案例三：港池开挖引发波能集中

图 6.6-7 码头建设后阶段北护岸东端上水较大

北护岸码头建设后阶段不同岸段最大上水厚度结果（单位：m） 表 6.6-2

位置	里程 0m	里程 100m	里程 200m	里程 400m
最大上水厚度	2.0	1.0	0.6	无上水

6.6.3 护岸加高至 +7.5m 和 +8.0m

根据码头建设后阶段的试验结果，设计提出将北护岸和东护岸加高至 +7.5m 高程。东护岸加高范围自拐角处向南 160m，北护岸加高范围自拐角处向西 240m，见图 6.6-8。具体加高范围和高程见表 6.6-3。

图 6.6-8 北护岸和东护岸加高至 +7.5m

护岸不同岸段加高范围（单位：m） 表 6.6-3

位置	里程 0m－160m	里程 160－240m	位置	里程 0m－160m	里程 160－240m
北护岸加高后高程	+7.5	+7.0	东护岸加高后高程	+7.5	不加高

护岸加高至+7.5m后，上水有所减小，受东护岸加高影响，越浪水体遇加高护岸后沿东护岸向陆域方向传播，对堆场影响较小。由于拐角处上水最为严重，加高至+7.5m后大浪时仍有上水，影响范围自拐角处向西、向南约80m。不同岸段上水结果见表6.6-4。

北护岸加高至+7.5m不同岸段最大上水厚度结果（单位：m）　　表6.6-4

位　　置	里程0	里程100	里程200	里程400
最大上水厚度	1.0	不上水	不上水	无上水

在护岸加高至+7.5m基础上，将拐角处附近局部加高至+8.0m，加高范围自拐角处分别向西和向南80m，结果见表6.6-5。加高照片见图6.6-9。

北护岸不同岸段加高范围（单位：m）　　表6.6-5

位　　置	里程0~80	里程80~160	里程160~240
北护岸加高后高程	+8.0	+7.5	+7.0
东护岸加高后高程	+8.0	+7.5	不加高

图6.6-9　北护岸与东护岸局部加高至+8.0m

护岸拐角处局部加高至+8.0m后，拐角处上水有所减小，影响范围缩短至向西、向南约40m。

护岸加高后，波浪斜向作用于护岸发生反射，遇码头后沿再次发生反射，波高有所增大，码头侧面端部波高相对较小。护岸与码头后沿之间的二次反射使码头后沿出现上水（码头面高程+7.0m）。上水范围自码头后沿东端向西约80m，其中，码头东端最大上水厚度约0.7m，向西80m处厚度约0.4m，见图6.6-10。

图 6.6-10　码头后沿及引桥根部上水位置图(码头面高程 +7.0m)

6.7　港池开挖引发波能集中试验总结

6.7.1　港池开挖对上水范围的影响

上水试验发现，主航道与码头之间的港池开挖边坡，改变了波浪的传播方向。由于自然水深与港池水深存在明显差异，且港池边坡与主航道有 30°的夹角，使沿航道传播的波浪在港池边坡附近再次发生折射，由于夹角较大，一部分波浪在惯性作用下继续向港池方向前进，另一部分波浪方向发生改变，沿港池边坡向码头端部传播，与沿围堰的行进波发生叠加，在港池边坡与护岸的交角处形成波能集中现象，导致码头后方护岸上水明显大于其他岸段。波浪在港池及航道附近传播方向示意图见图 6.7-1。

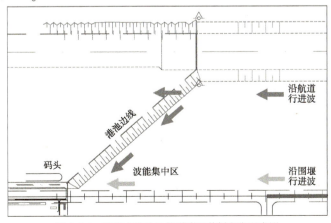

图 6.7-1　波浪在港池及航道附近传播方向示意图

码头建设前，上水影响范围自港池拐角处向东约350m，向西约400m，总长度约750m，相当于10倍波长。以拐角处附近上水最为严重，最大上水厚度约2.2m。

码头建设后，港池拐角处上水仍较大，码头后方掩护区上水较小。影响范围也相应减少至拐角以西约200m。以护岸东端为里程0m，向西400m范围内，码头建设前和建设后护岸不同岸段上水厚度见表6.7-1。

码头建设前和建设后护岸不同岸段上水厚度（单位：m）　　表6.7-1

位　置	里程0m	里程100m	里程200m	里程400m
码头建设前	2.2	1.5	1.0	0.7
码头建设后	2.0	1.0	0.6	无上水

以码头端部以西100m为例，码头建设前，护岸上水厚度1.5m，码头建设后上水为1.0m，加高至7.5m后，护岸不上水，表明加高措施能够有效减小上水，是可行的。

6.7.2　不同方案越浪量对比分析

《水文规范》给出了斜坡堤堤顶越浪量公式：

$$Q = 0.07^{H'_c/H_{13\%}} \exp\left(0.5 - \frac{b_1}{2H_{13\%}}\right) B K_A \frac{H_{13\%}^2}{T_p} \left[\frac{0.3}{\sqrt{m}} + \text{th}\left(\frac{d}{H_{13\%}} - 2.8\right)^2\right] \ln \sqrt{\frac{g T_p^2 m}{2\pi H_{13\%}}}$$

断面试验与规范公式越浪量结果对比见表6.7-2和图6.7-2。

断面试验与规范公式越浪量结果对比[单位：L/(m·s)]　　表6.7-2

断面形式	顶高程	试验值	规范值
加高前	+6.4m	228.7	150
直墙加高	+7.5m	78.6	44.5
	+8.0m	28.4	25.5
	+8.5m	2.6	14.7
大弧方案	+7.5m	43.2	—
鹰嘴方案	+7.5m	35.7	—

第6章 防浪结构薄弱部位案例三：港池开挖引发波能集中

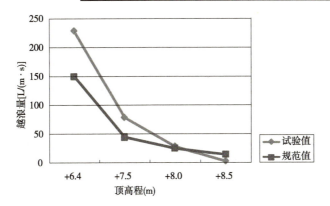

图 6.7-2　直墙加高方案不同高程下越浪量试验值与规范值对比

将断面试验的越浪量结果与规范公式结果进行对比可知：

(1) 在特定条件下，规范公式计算结果与试验结果较为接近。以本工程为例，当直墙方案加高至 +8.0m，规范公式计算为 25.5 L/(m·s)，与试验结果 28.4 L/(m·s) 基本一致。

(2) 当越浪量较大或较小时，规范公式和试验结果有较大差异。当护岸顶高程较低越浪量较多时，试验值为 228.7 L/(m·s)，规范公式计算为 150 L/(m·s)，结果偏小。当护岸顶高程较高越浪量较少时，试验值为 2.6 L/(m·s)，规范计算为 14.7 L/(m·s)，规范结果偏大。

(3) 护岸高程越高，越浪量越小。但越浪量的试验结果对护岸高程的敏感度较高，相比之下，规范公式结果对高程的变化有所体现，但减小幅度相对较慢。

(4) 在同等 +7.5m 条件下，直墙加高方案的越浪较多，为 78.6 L/(m·s)，设置大弧或鹰嘴方案后，越浪量减小近一半，为 35~42 L/(m·s)。规范公式中，未体现断面反弧对越浪量的影响，可通过试验进行验证。

6.8　小　　结

护岸工程海底地形多为天然缓坡，而有些工程护岸前需开挖形成港池。开挖坡度改变了护岸前入射波浪的方向，形成了局部波能集中，对护岸上水和越浪量等造成重要影响。通过波浪断面试验和整体试验，研究了港池开挖对护岸工程的影响，得到以下主要结论：

(1) 码头建设前，上水影响范围总长度相当于 10 倍波长。以港池拐角处附近上水最为严重；码头建设后，对后方护岸构成一定掩护，上水范围明显减少。但由于波浪为斜向入射,对护岸端部上水影响不大。

(2)在特定条件下,规范公式越浪量计算结果与试验结果较为接近。以本工程为例,当直墙方案加高至+8.0m,规范公式与试验结果基本一致。

(3)当越浪量较大或较小时,规范公式和试验结果有较大差异。当护岸顶高程较低越浪量较多时,规范公式结果偏小。当护岸顶高程较高越浪量较少时,规范公式结果偏大。

(4)反弧的设置对减小越浪量有明显效果。规范公式中,未体现断面反弧对越浪量的影响,可通过试验进行验证。

第7章　防浪结构薄弱部位案例四:击岸破碎波造成护岸破坏

针对大连某护岸工程平面布置方案,通过波浪三维稳定物理模型试验,分别对工程前设计波浪要素和斜坡护岸稳定性进行了研究。在此之前,本工程也进行了常规二维断面试验,表明护面块体是稳定的。但三维稳定试验反映出一些断面试验不能反映的现象,识别了两处护岸设计中的薄弱部位,提前规避了安全风险,为工程建设避免了3000万以上的直接经济损失,发挥了科研试验在前期工作中的价值和作用,值得认真思考和总结。

7.1　工程概况

大连某护岸工程处于老虎滩湾,工程区面向黄海,水深浪大,湾口水深达30m,50年一遇波高接近8.0m。海湾自外向内呈喇叭口布局,水域宽度由1500m逐渐缩窄,湾底宽度不足500m。

拟建护岸长度约900m,轴线水深-3.0～-13.0 m。水下地形条件较为复杂,坡度较陡,局部坡度达1:10～1:7。考虑到上述种种因素,需进行波浪整体物模试验及护岸三维稳定性试验,对护岸设计波高进行测定,并对斜坡护岸的稳定性进行验证和优化。

本章重点研究 KG 段护岸,结构形式为斜坡式,长340m,采用15 t扭王字块护面,KM 段护岸为直立沉箱式,海底底质为坚硬岩石。护岸平面布置图见图7.1-1,护岸设计断面图见图7.1-2。

图7.1-1　护岸平面布置图

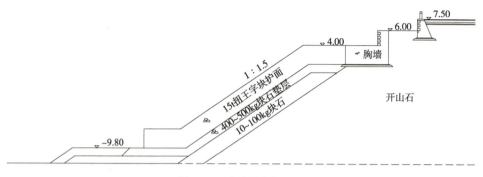

图 7.1-2 护岸设计断面图

7.2 试验条件与研究方法

7.2.1 试验条件

(1) 试验水位(85 黄海高程)

极端高水位: +2.68 m;

设计高水位: +1.66 m;

设计低水位: -1.53 m。

(2) 波浪条件

试验采用的波浪条件:50 年一遇波高 $H_{1\%}$ 为 7.83 m,有效波高 $H_{13\%}$ 为 5.5 m,平均周期 T 为 9.0 s。

7.2.2 研究方法

由于本工程控制浪向为斜向入射,常规二维断面试验无法模拟波浪对结构的作用,因此,采用三维稳定试验进行验证。模型比尺为 56。波浪整体物理模型在交通运输部天津水运工程科学研究院综合试验厅中进行。港池宽 40m,长 45m。港池中配备有国际先进的 36m×30m L 形不规则波造波机(图 7.2-1),该系统由 144 块造波单元组成,呈 L 形布置,一边 67 块,另一边 77 块,可以实现多方向造波。模型布置见图 7.2-2。

图 7.2-1 国际先进的多方向谱 L 形造波机

第7章 防浪结构薄弱部位案例四：击岸破碎波造成护岸破坏

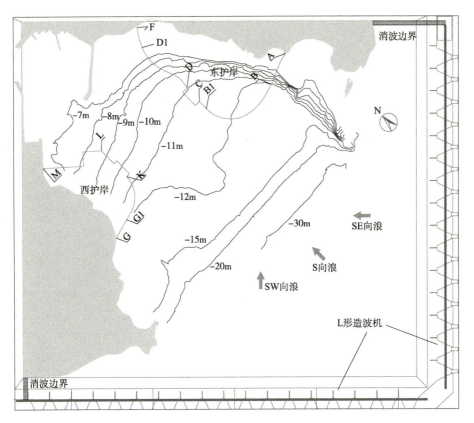

图 7.2-2 模型布置图

三维稳定试验的主要特点之一即制作人工块体，并保证尺寸和重量与原型相似。斜坡堤护面块体均为人工制作，块体数量约 5000 块，与现场安放一致，满足规范要求。制作材料采用腻子灰与铁粉配制，重量偏差与几何尺寸误差均满足试验规程要求。模型中各种重量块石按重力比尺挑选，质量偏差控制在 ±5% 以内。

7.3 浅水段护岸失稳与原因分析

7.3.1 波高的变化

波浪从外海深水区向近岸传播过程中，由于受到折射、绕射、底摩擦和浅水变形等因素的影响，在设计波要素预先判断时，一般认为近岸波高小于深水区。本次试验首先对护岸建设前的设计波高进行了研究。

各测点比波高见图7.3-1,试验发现,在西护岸附近出现了比波高大于1的测点,说明近岸处部分岸段设计波高较深水处波高增大10%。原因在于,水下地形测量结果显示,本工程-30 m等深线距岸不足800 m,-10 m等深线距岸不足100 m,近岸处水下地形坡度较陡(坡度约为1/10,局部达1/5),水深变化剧烈,且等深线走向弯曲,因此,波浪的浅水变形和辐聚效应较为显著,出现了近岸波高大于深水区的情况。物模试验结果表明,在特定地形条件下,近岸处波高会大于深水区。

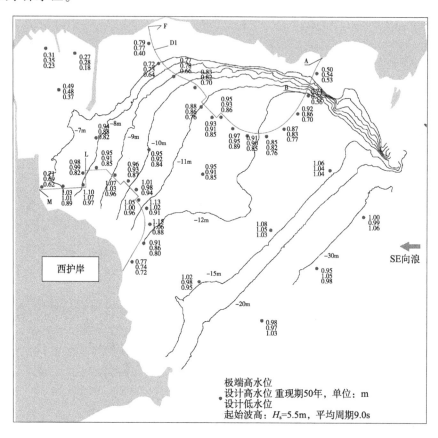

图7.3-1　各测点比波高

这种波高局部增大的现象虽然不多见,但可能会引发严重的破坏事故。大连某护岸在2011年"梅花"台风期间发生防波堤局部坍塌、挡浪墙倾覆的破坏(图7.3-2),由于后方罐区的危险性,引起了全社会的高度关注。经分析,水下地形的剧变引起波高局部增大,是破坏发生的重要原因之一。

7.3.2 浅水段护岸失稳及优化措施

试验初期,先测定了护岸建设前的入射波浪,为设计提供设计波要素。50年一遇波高为4m,周期为9s。波浪入射方向与护岸轴线夹角约35°。

为表述方便,本文把KG段分为两部分,其中GG1段长110m,水深5~12m,称为浅水段;G1K段长230m,水深12m,称为深水段。这里浅水和深水均为相对本工程而言。

试验发现,50年一遇波浪持续作用3h后,KG段护岸护面块体稳定性随水深的变化差异较大。深水段护岸各部分保持稳定,浅水段护岸在击岸破碎波的作用下,护底块石被冲刷,护面块体严重失稳(图7.3-3)。

图7.3-2 大连某护岸被台风破坏现场照片　　　图7.3-3 护岸设计断面15 t护面块体失稳照片

块体失稳过程的主要特点是:低水位时,波浪在陡坡附近破碎,形成击岸式破碎波,强烈的破碎流使护底块石被冲刷。在波谷作用下,底部块体首先失稳,顺着天然陡坡向外海滚落,然后扩展至中上部块体。

另外,护底的作用是防止堤前的地基被冲刷,造成护面层的下滑或坍塌,从而影响堤的稳定性。本工程接岸段水下为坚硬岩石,不存在冲刷问题,因此,可以不设置护底,优化设计的焦点问题在于加强护岸底部块体的支撑。

按照规范规定,斜坡堤堤头部分的块体重量,应增加20%~30%。位于波浪破碎区的堤身和堤头的块体重量,均应相应再增加10%~25%。基于上述对失稳原因的分析,试验先后采取了3种优化措施,包括加大底部块体重量、增加护岸底部块体支撑排数等。

优化措施及试验结果见表7.3-1、图7.3-4。

优化措施及块体稳定试验结果　　　　　表 7.3-1

名　称	优　化　内　容	试　验　结　果
优化措施1	护岸底部块体质量增加至21t	失稳（破坏形态与15t块体类似）
优化措施2	护岸底部设置5排35t块体	最外一排失稳
优化措施3	护岸底部设置9排35t块体	块体稳定

a）优化措施2：5排35t护面块体最外一排失稳　　　　b）优化措施3：9排35t护面块体稳定

图 7.3-4　优化措施2和3试验照片

7.3.3　三维稳定试验与断面试验的差异

经分析，对护岸浅水段护面块体失稳的原因总结为：

（1）该段水下地形存在一坡度约为1∶5的陡坡，水深变化剧烈，且护岸纵轴线法线与来浪方向之间有30°夹角，造成护岸与天然岸线陡坡交界处有波能集中现象。

（2）低水位时，波浪在护岸底部破碎，形成击岸式破碎波，对护岸底部造成强烈冲击，破碎流使护底块石被冲刷。底部块体之间的咬合性较差，在波谷的倒吸作用下首先失稳，顺着天然陡坡向外海滚落，中上部护面块体因失去依托而坍塌，最终导致断面失去防浪功能。

（3）陡坡附近水下地形有明显暗礁，扰乱了破碎流，形成明显的旋涡，更加不利于块体稳定。

显然，上述现象只能在三维稳定试验中得到反映。

另外，本项目也进行了常规断面模型试验，对块体稳定性进行了验证。断面试验表明，深水段和浅水段15t护面块体在正向浪作用下都是稳定的。按照《防波堤设计与施工规范》（JTS-154-1—2011）给出的单个块体的稳定重量计算公式，本工程扭王字块护面块体的稳定性质量小于15t。

从前期试验情况来看，深水段堤前波浪不破碎，属于正向作用，符合公式使用的前提条件，块体是稳定的，因此，断面试验结果与规范公式的计算结果是一致的。但对浅水段护岸而言，波浪在堤前发生破碎，且属于斜向作用，不符合规范关于波浪形态和角度的要求，断面试验仅能模拟正向波浪作用，不能反映斜向浪的特殊现象。

三维稳定试验发现了块体失稳现象，反映了断面试验不能反映的问题，识别了护岸设计中的薄弱部位，消除了安全隐患，提高了工程安全水平。

7.4 直立段斜坡过渡段堤头失稳与优化措施

在本工程的前期方案中，还曾经设计过圆筒、直立沉箱和斜坡段的结构形式，平面布置见图7.4-1。其中，直立段长85m，斜坡段长65m，采用10t扭王字块护面。

图7.4-1　模型实际摆放照片

7.4.1　初始方案破坏

SE向波浪作用，在设计低水位时重现期50年波浪作用下，西护岸斜坡GH段堤头处于方沉箱与斜坡段的交接处，除外海波浪直接作用外，另一部分波浪沿圆筒JK段和方沉箱HJ段传播与外海波浪叠加，形成波能集中。此外，堤头处坡度较陡，波浪在沉箱与斜坡堤过渡段形成强烈的破碎水流，对护面块体造成强烈冲击，设计方案10t扭王字块体有多块滚落，在波浪持续作用下呈持续发展态势，失去护面功能，判断为失稳（图7.4-2）。

斜坡段堤头处于方沉箱与斜坡段的交接处，波浪特性复杂多变，主要表现在两个方面：

a)斜向浪对过渡段形成强烈冲击　　　　b)过渡段10t扭王字块严重失稳

图7.4-2　斜向浪造成过渡段堤头10t块体严重失稳

(1)波浪沿圆筒段和方沉箱段传播,斜向浪与外海波浪叠加,形成明显雍水,造成波能集中,使局部波高增加。

(2)由于过渡段水深急剧变浅,波浪在过渡段形成强烈的破碎水流,对护面块体造成强烈冲击。

7.4.2　优化措施

优化方案1:将堤头处10t块体先后改为15t,再次试验后发现,堤头处块体仍然难以稳定[图7.4-3a)]。

a)优化方案1:15t仍失稳　　　　　　b)优化方案2:20t块体稳定

图7.4-3　优化方案试验照片

优化方案2:块体质量优化为20t并加棱体支撑后,块体有少量晃动但无明显位移,保持稳定[图7.4-3b)]。经极端高水位和设计高水位验证后,堤头段护面块体仍然稳定,因此认为,堤头处护面块体应加大至20t。

7.5 小　　结

工程实际破坏案例和多个试验案例表明,在设计过程中仅依靠规范公式计算是十分危险的。本工程三维稳定试验是针对斜向浪和特殊岸段进行的典型案例,研究发现了一些特别的现象,得到了与断面试验不同的结论,识别了护岸设计中的薄弱部位,消除了安全隐患,提高了工程安全水平,值得认真思考。

(1)特定地形条件下近岸处波高会大于深水处波高,值得设计特别注意。

(2)采用同样重量的护面块体,在击岸破碎波的作用下,浅水段的护岸稳定性不及深水段,底部块体的失稳会导致上部块体的下滑、坍塌,从而使断面失去防浪功能;在某些情况下,斜向浪对扭王字块护面块体的作用比正向浪偏于危险。因此,工程设计需要特别注意斜向浪和击岸破碎波的影响。

(3)当斜向浪作用于直立斜坡堤过渡段时,会产生波能集中及强烈破碎,冲击波流对护面块体稳定产生很大影响,对块体安全非常不利。在某些情况下,表现形式是底部块体首先失稳,上部块体失去支撑从而引发整体坍塌。重点部位是堤头附近5~6排块体范围内。三维稳定物模试验确定的块体稳定重量远远高于规范计算结果,多个研究成果表明,试验确定的稳定重量可为计算结果的3倍,甚至6倍。

(4)应对措施有:加大块体重量,特别是在底部设置棱体,强化支撑;改变块体摆放方式,增加块体间的咬合连锁作用;改变薄弱部位的块体朝向。

第8章 结论与展望

8.1 结 论

通过对设计规范条文的深入解读,结合防浪结构薄弱部位识别试验的四个案例,总结了波浪物模试验在前期设计工作中的作用,形成主要结论如下:

(1)规范公式是对典型工程的共性规律进行总结,对设计提供可供遵循的依据。但遵循规范设计不等于简单的套用规范中的经验公式,公式有其适用条件。当计算结果与物模试验有较大差异时,应以物模试验为主要依据。

(2)波浪周期超过设计波周期,是造成防浪结构破坏的重要原因之一。波高超过设计标准,是容易得到重视的,但破坏时的波浪周期往往被忽略,应引起足够的重视,并对此进行深入论证。

(3)无论中国规范还是 CEM 的经验公式,都未完全体现长周期波浪对胸墙的作用特点,与模型试验结果存在较大差异,有时试验结果为经验公式的 5 倍。在台风等特殊天气下,涌浪特征明显,容易出现胸墙荷载过大而引发破坏的现象,值得格外关注。

(4)开挖港池会改变波浪在平面上的分布,波浪传播方向发生变化,在某些区域易形成波能集中,对结构安全和越浪量等造成重要影响。上水影响范围总长度有时相当于 10 倍波长,以港池拐角处附近上水最为严重;由于波浪为斜向入射,即便在码头建设后,也不能减小护岸端部上水。

(5)特定地形条件下近岸处波高会大于深水处波高,值得设计特别注意;采用同样重量的护面块体,在击岸破碎波的作用下,浅水段的护岸稳定性不及深水段;在某些情况下,斜向浪对扭王字块护面块体的作用比正向浪偏于危险。工程设计需要特别注意斜向浪和击岸破碎波的影响。

(6)当斜向浪作用于直立斜坡堤过渡段时,会产生波能集中及强烈破碎,冲击波流对堤头护面块体稳定产生很大影响,对块体安全非常不利。多个研究成果表明,试验确定的稳定重量可为计算结果的 3 倍,甚至 6 倍。

(7)工程实践中水深、波浪、结构形式等千差万别,任何规范都难以考虑到每个工程的具体情况。实际破坏案例和多个试验案例表明,在设计过程中,仅依靠规范公式计算是十分危险的。同时,遵循规范不等于简单地套用规范中的经验公式,还应仔细判断公式的适用条件,更加重视规范建议的模型试验。通过试验,发掘薄弱部位,优化方案设计,识别安全隐患,尽可能地降低设计风险,提高工程安全水平。

8.2 展　　望

本书列举的工程案例均是国内或海外已经建成或正在施工的实际项目。随着港口建设技术的发展和海外项目的增多,需要在深远海和陌生海区进行工程建设,可能面临一些前所未有的技术问题,还需进行一些深入的研究工作。

(1)深远海和陌生海区的水文历史资料十分缺乏,现场实测也很难长期开展,其环境特点与我国近海有所不同,而我国现有规范虽有修订,但有些条文仍沿用了20世纪80年代的研究成果,不能适应全球其他海区的使用要求,迫切需要整体进行梳理,对规范的适用范围进行外延,使中国的标准真正"走出去和被认可",并实现国际化。

(2)海上施工期的波浪防护是波浪试验研究的重要方向。由于设计断面未形成,结构防浪能力较弱,如何结合施工条件选取合适的防护措施,以及提高施工作业效率,加快施工进度等问题,都值得深入研究。

(3)当水深较大时,防浪结构多为直立重力式结构。在遇到软土地基条件不理想、承载力较差时,波浪—结构—地基的耦合作用是研究的难点之一。目前的研究主要以波浪—结构或结构—地基的两者作用为主,由于比尺的限制,模型土难以制备,三者耦合作用的地基试验还非常少见,需依托接近原型尺度的物模试验予以解决。未来可依托交通运输部天津水运工程科学研究院港口水工建筑技术国家工程实验室的大比尺波浪进行深入系统的研究。

参 考 文 献

[1] 俞聿修.随机波浪及其工程应用[M].大连:大连理工大学出版社,2000.

[2] 中华人民共和国行业标准.JTJ 213-1998 海港水文规范[S].北京:人民交通出版社,1998.

[3] 中华人民共和国行业标准.JTJ/T 234—2001 波浪模型试验规程[S].北京交通出版社,2002.

[4] 交通部第一航务工程勘察设计院.海港工程设计手册[M].北京:人民交通出版社,1994.

[5] 姜云鹏,刘昌兴.波浪作用下护岸三维稳定试验研究[J].水道港口,2014(1):15-18.

[6] Sung B. Yoon, Philip L-f. etc.: Stem wave along breakwater, USA: Journal of Waterway, Port, Coastal, and Ocean Engineering, Vol. 155, No. 5, 1989.

[7] Hajime Mase, Tetsu Memita, etc.: Stem wave along vertical wall due to random wave incidence. Japan: Coastal Engineering, Vol. 44, No. 4, 2001.

[8] 中华人民共和国行业标准.JTS 145—2015 港口与航道水文规范[S].北京:人民交通出版社股份有限公司,2015.

[9] U. S. Army Corps of Engineers. Coastal engineering manual[M]. EM 1110-2-1100, 2011.

[10] 姜云鹏,陈汉宝,赵旭,等.长周期波浪冲击下胸墙受力试验[J].水运工程,2018(5):36-40.

[11] J. Pedersen, H. Burcharth. Wave forces on crown walls[J]. Proceedings of 23rd Conference on Coastal Engineering, Venice, Italy, 1992:1489-1502.

[12] 舒宁,王曼颖.合田良实波压力计算公式在英国标准中的应用[J].中国港湾建设,2003(1):18-22.

[13] 王海峰,柳玉良,夏云强.有护面块体掩护的斜坡堤弧形胸墙波压力研究[J].水运工程,2013(6):16-19.

[14] 王登婷.弧形挡浪墙的模型试验[J].水运工程,2004(7):1-5.

[15] 王颖.弧形防浪墙波浪力的试验研究[D].上海:上海交通大学,2007.

[16] 徐斌,刘建华,贾晓.基于正交试验的弧形胸墙波浪荷载对波要素的敏感性分析[J].水运工程,2015(12):47-51.

[17] 于定勇,苏耀.深水斜坡堤胸墙波浪力计算方法研究[J].中国海洋大学学报,

2012(1):136-140.

[18] 姜云鹏,刘昌兴,彭程.波浪作用下陡坡和缓坡地形对护岸工程的影响[J].水运工程,2015(4):62-66.

[19] 吴进,姜云鹏.港池边坡开挖对护岸工程的影响研究[J].港工技术,2017(8):46-49.

[20] 卢无疆,金建新,赵林.渔港斜坡式防波堤规范胸墙波压强分布和计算方法[J].海洋工程,1993(8):71-81.

[21] 交通部天津水运工程科学研究院.黄骅港综合港区波浪模型试验研究报告[R].天津:交通部天津水运工程科学研究院,2009.

[22] 交通运输部天津水运工程科学研究院.中电胡布电厂防波堤工程波浪断面模型试验研究报告[R].天津:交通运输部天津水运工程科学研究院,2017.

[23] 交通运输部天津水运工程科学研究院.胡布电厂季风期强浪施工断面防护措施波浪模型试验研究报告[R].天津:交通运输部天津水运工程科学研究院,2018.

[24] 交通运输部天津水运工程科学研究院.黄骅港散货港区矿石码头一期工程波浪模型试验研究报告[R].天津:交通部天津水运工程科学研究院,2013.

[25] 交通运输部天津水运工程科学研究院.黄骅港散货港区矿石码头续建工程波浪模型试验研究报告[R].天津:交通运输部天津水运工程科学研究院,2017.

[26] 交通运输部天津水运工程科学研究院.黄骅港散货港区原油码头一期工程波浪模型试验研究报告[R].天津:交通运输部天津水运工程科学研究院,2018.

[27] 交通运输部天津水运工程科学研究院.烟台港西港区防波堤二期工程波浪模型试验研究报告[R].天津:交通运输部天津水运工程科学研究院,2013.

[28] 交通运输部天津水运工程科学研究院.盘锦邮轮码头工程一期工程波浪模型试验研究报告[R].天津:交通运输部天津水运工程科学研究院,2016.

[29] 交通运输部天津水运工程科学研究院.韩国东海岸Pospower电厂沙滩稳定动床波浪模型试验研究报告[R].天津:交通运输部天津水运工程科学研究院,2018.

[30] 交通运输部天津水运工程科学研究院.韩国东海岸沙滩防护措施泥沙动床波浪模型试验研究报告[R].天津:交通运输部天津水运工程科学研究院,2018.